王秋芳传

北京二锅头酒博物馆　编著

知识产权出版社
全国百佳图书出版单位

图书在版编目（CIP）数据

王秋芳传 / 北京二锅头酒博物馆编著 .—北京：知识产权出版社，2018.9
ISBN 978-7-5130-5742-4

Ⅰ . ①王… Ⅱ . ①北… Ⅲ . ①王秋芳—传记 Ⅳ . ① K826.15

中国版本图书馆 CIP 数据核字 (2018) 第 184034 号

内容提要

王秋芳，是北京二锅头酒传统酿造技艺的第七代传承人。本书根据她的 13 次口述录音整理而成，以她引以为傲的三次创业（筹建红星酒厂、筹建北京东郊葡萄酒厂、筹建中国酿酒工业协会）为纲，以其奋斗精神为魂，主要讲述了她与酒结缘、参与创建红星公司、传承创新二锅头工艺及试验新工艺、新产品，引领酒业发展的人生经历。

本书在讲述王秋芳的人生经历中，展现了很多酒业的历史大事件、酒类重要工艺和产品的研发过程等，对研究酒类发展史有一定的史料价值。

责任编辑：安耀东　　　　　　　　　　　　责任印制：刘译文

王秋芳传
WANGQIUFANG ZHUAN

北京二锅头酒博物馆　编著

出版发行：知识产权出版社有限责任公司	网　　址：http://www.ipph.cn
电　话：010-82004826	http://www.laichushu.com
社　址：北京市海淀区气象路 50 号院	邮　　编：100081
责编电话：010-82000860 转 8534	责编邮箱：anyaodong@cnipr.com
发行电话：010-82000860 转 8101	发行传真：010-82000893
印　刷：天津市银博印刷集团有限公司	经　　销：各大网上书店、新华书店及相关专业书店
开　本：720mm×1000mm　1/16	印　　张：10.5
版　次：2018 年 9 月第 1 版	印　　次：2018 年 9 月第 1 次印刷
字　数：158 千字	定　　价：65.00 元

ISBN 978-7-5130-5742-4

▲ 2013 年，接受采访的王秋芳　　　　▲青年王秋芳

▲王秋芳（后排右）与员工合影

▲中年王秋芳（前排左二）

▲王秋芳（后排右二）与部分技术骨干在北京东郊葡萄酒厂合影

▲王秋芳工作照

▲王秋芳工作照

▲王秋芳工作照

▲王秋芳（左四）与熊子书（中）、高景炎（左二）等合影

▲ 王秋芳（前排左一）与技术人员在评酒

▲ 1999 年，王秋芳（前排左三）在"红星 50 周年厂庆"上的合照

▲ 1999 年，王秋芳（前排右二）在"红星 50 周年厂庆"上的合照

▲ 2006 年，王秋芳接受姜昆的采访

▲王秋芳与其夫苏立功在家中的合影

▲ 2010 年 8 月 28 日，王秋芳（前排右一）与其夫苏立功"钻石婚"庆

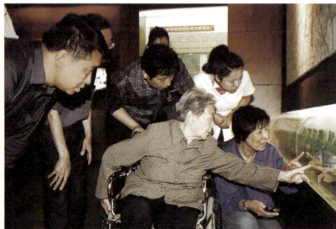

▲ 2012 年 5 月 15 日，王秋芳（前排中）在参观北京二锅头酒博物馆时的留影

▲ 2012 年 5 月 15 日，王秋芳在参观北京二锅头酒博物馆时的留影

▲ 2016 年 1 月 28 日春节前夕，红星公司领导慰问王秋芳（右一）

▲ 2017 年 4 月 15 日，王秋芳（左三）与公司总经理肖卫吾（左一）、公司顾问高景炎（左二）、公司副总张坤（左四）在前门源升号的合影

▲ 2017 年 4 月 15 日，王秋芳（二排左一）、高景炎与《奥利弗游中国》摄制组的合影

▲ 2017 年 6 月 6 日，王秋芳（前排左二）与公司领导肖卫吾等人的合影

▲ 2017 年 6 月 6 日，王秋芳（前排中）与二锅头酿造技艺第八、九、十代传承人的合影

▲ 王秋芳、高景炎与红星公司总经理肖卫吾交谈

▲ 2018 年春节前夕，一轻公司党委书记、董事长苏志民慰问王秋芳

▲ 2018 年 8 月 31 日，一轻公司总经理、红星公司董事长阮忠奎（左二）至王秋芳家中祝贺其 92 周岁生日

序　言

古训有言："以史为镜，可以知兴替"。历史是最好的教科书，而厂史厂志则是其中不可或缺的重要篇章。

红星作为一家企业，始建于 1949 年 5 月，是国家首批认定的中华老字号企业之一；红星作为一个品牌，商标注册于 1951 年 6 月，是中华人民共和国首批核准注册的商标之一；红星作为一种产品，诞生于中华人民共和国成立的前夕，红星二锅头是驰名中外的北京特产、大众名酒；红星作为一项技艺，其源头可追溯至 1680 年的前门源升号酒坊，红星申报的北京二锅头酒传统酿造技艺入选国家级非物质文化遗产名录。

红星历经计划经济和市场经济的风雨洗礼，在几十年的艰苦创业中，诞生和弘扬了"承受一切酿造美酒"的奋斗精神与工匠气质，塑造和彰显了"心怀梦想勇敢前行"的硬汉形象与坚毅品格。红星文化的底蕴与首都文化的内涵相通，红星企业的发展与共和国的脚步相连，这是红星最为宝贵的财富。

"忆往昔，峥嵘岁月稠"。总结红星的光荣历史，发扬红星的优良传统，创造红星的美好未来，是摆在我们面前的重任。

为此，红星决定编纂《王秋芳传》，以表达我们对红星创业员工的崇高敬意和衷心感谢，并以此激励在职员工弘扬"不忘初心、牢记使命、创新创造、艰苦奋斗"的精神，再铸红星新辉煌！

是为序。

北京二锅头酒博物馆

2018 年 8 月 31 日

前　言

王秋芳先生，生于 1926 年 8 月 31 日，1949 年参加工作。王秋芳高工系我国著名的白酒、葡萄酒、果露酒资深专家，北京二锅头酒传统酿造技艺第七代传承人，享受国务院特殊津贴，在酒行业内德高望重、久负盛名。

1949 年，她参与筹建红星酒厂，而后又参与《传承北京二锅头的分析方法及产品质量标准草案》的制订工作，从此二锅头酒由传统的经验型生产迈向科学化生产。20 世纪 70 年代，她与高景炎等人先后扶植了 19 家郊县酒厂生产二锅头酒，让二锅头酒香飘满京城。她是红星公司的一份宝贵财富；她是北京酒业的一面光荣旗帜。

2004 年，为表彰她的卓越贡献，中国酿酒工业协会授予她"全国酿酒行业特殊贡献奖"。2017 年，北京酿酒协会授予她"北京酿酒行业领军人物奖"。

2010 年 8 月，在庆贺王老和其夫苏立功先生（国家文化部离休干部）"钻石婚"的聚会上，王老深情地表示：我一生有过三次创业，但始终未离开过酒业。第一次创业是参与组建华北酒业专卖公司实验厂（红星前身），第二次创业是参与筹建北京东郊葡萄酒厂，第三次创业是参与组建中国酿酒工业协会（现中国酒业协会）。

因此，本书以王老引以为傲的三次创业为纲，以王老的奋斗精神为魂，彰显王老不平凡的人生。

目　录

一次创业篇　参与创建红星酒厂，传承创新二锅头技艺

二次创业篇　参与筹建东郊葡萄酒厂，繁荣北京酒业

三次创业篇　参与组建中国酿酒协会，推动中国酒业发展

心路历程篇　两耳不闻闲杂事，一心只想酿好酒

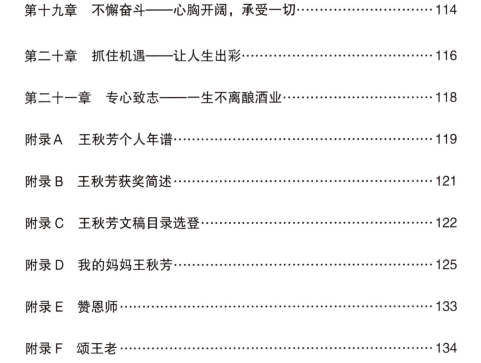

一次创业篇

参与创建红星酒厂，传承创新二锅头技艺

第一章

与酒结缘——进入红星前的经历

第一节　生在爱国知识分子家庭

▲王秋芳与弟弟的合影

1926 年 8 月 31 日，王秋芳先生出生在北京的一个爱国知识分子家庭。这个家庭对国家、对民族高度的责任感让人肃然起敬。

王秋芳的爷爷王经伦，参加了1916 年中国历史上的首届文官考试，取得了优异的成绩，被任命为北京市高等法院的高级法官。1937 年"七七事变"后，日本攻占北平，日军扶植的傀儡政权伪中华民国临时政府行政委员会委员长王克敏邀请他到伪政府任职，被王经伦严辞拒绝："我不当汉奸！"五个字掷地有声，道出了王家的铮铮铁骨。

王秋芳的父亲王书田毕业于北京大学工程系，就职于民国政府纺织工业部。1937年"七七事变"后，王书田随民国政府撤退到重庆，在大后方支援抗战工作。在这一时期，他利用所学的知识专心致志搞科研，改进了无梭织布机，使得后方纺织工厂的产品质量大大提高，为抗战时期军需纺织品的正常补给提供了保障。王书田背井离乡工作了八年，抗战结束才回到北平，解放后调到天津纺织总厂工作，直至退休。

受爷爷和父亲的影响，王秋芳从小立志，要做一个对国家、对社会有贡献的人。

第二节　与酒结缘

其实，王秋芳从事酿酒行业并非偶然，早在她十四五岁的时候，就与酒结下了不解之缘。

王秋芳上初中的时候，爷爷每天都要喝点儿白酒来解乏。她观察到每次爷爷小半杯酒下肚后就会变得面色红润、喜笑颜开，便逐渐认定这种无色透明、香气扑鼻的液体一定是能够让人开心的好东西。因此，每次给爷爷打酒的时候，好奇的王秋芳都会偷喝一点，为了不让爷爷发现，还偷偷地兑上点水。

▲上中学时期的王秋芳

慢慢的，她逐渐喜欢上了白酒醇香的味道。

王秋芳在十四五岁时便有了喝酒的经历，但是她真正接触酒类的分析化验工作，则是在高中毕业后。

1946年，20岁的王秋芳以优异的成绩从北平女二中（现北京东直门中学）毕业。此时，她的化学老师傅老师接到了市政府委派的任务——成立北平卫生实验研究所，并且担任副所长。因为王秋芳的化学成绩优异，傅老师便决定让她参加这项筹建工作。

北平卫生实验研究所实际上是现代北京卫生防疫站的前身，主要负责北平市所有食品、饮料、酒类、饮用水的分析化验工作。北平卫生实验研究所设立了两个科室，细菌科和化学科。王秋芳在化学科担任质量检验分析工作，对北平的各类酒、饮用水、酱油、醋等进行检验分析。这为王秋芳积累了不少质量检验、分析研究的工作经验。

王秋芳是傅老师的得意门生，也是他非常信任的人，所以仓库管理的工作也同时交给了她。王秋芳管理的仓库中有一种化学品叫做乙醚，是一种用于麻醉的危险物品。此时正值解放战争时期，国民党政府的反动统治导致了通货膨胀、物价暴涨，研究所逐渐入不敷出，已到了变卖物品的地步。傅老师的夫人这时提出卖乙醚来维持生计，王秋芳深知乙醚的危险性，态度十分坚决地表示不同意。傅老师听闻此话十分愤怒，便以经济困难需要裁员为借口，将王秋芳辞退。

第三节　入职华北税务总局

此时北平的物价飞涨，王秋芳家的生活也逐渐陷入窘迫。即使这样，待业在家的她也从不后悔当初反对卖乙醚的做法。

幸而从小受到良好教育的王秋芳，练就一手好字，这在旧社会可是个十分了不起的本事。有长处，就要发挥出来，王秋芳便常在家给人抄书，挣钱贴补家用。

▲青年时期的王秋芳

后来，王秋芳一位十分要好的同学得知她家中的窘境，便通过自己家中的关系将王秋芳推荐到北平税务管理局，负责局里的后勤工作。局里的姚督导见王秋芳工作认真上进，便将她留在税务管理局，转为正式职员。

1949年1月，北平和平解放，解放军顺利进驻北平。北平税务管理局便改组成了华北税务总局。鉴于王秋芳之前在北平卫生实验研究所的工作经历，组织上将她调到了生产处工作。

第二章

终生难忘——酿酒征程第一餐

第一节　加入红星建厂筹备小组

1949 年 4 月 11 日，华北税务总局在北平召开首届酒类经营管理会议。在这次会议上确定延续革命老区对酒类的专烧专卖政策，禁止私人酿酒，并成立华北酒业专卖公司。同时决定在北平建立第一家国营酿酒厂——华北酒业专卖公司实验厂（以下简称"实验厂"），即北京红星股份有限公司的前身。

根据当时的情况，上级单位为实验厂订立了三个基本宗旨：

第一是要改变酒类生产的落后状况，要求采用一种科学新方法。采用科学新方法就是要节约粮食。

第二是要改变工人的体力劳动条件，实现机械化生产。

第三是要求在生产过程中从传统手工作坊式的生产形式向现代科学化生产方式转变，并将成果向全华北地区推广，以促进酿酒行业的进一步发展。这也是上级交给实验厂的核心任务。

▲调查表标明华北酒业专卖公司实验厂为华北税务总局的直属厂

▲ 1949 年 5 月,《人民日报》公布实行酒类专卖（会议决定成立华北酒业专卖公司实验厂）

会后，华北税务总局立即成立建厂筹备小组，指派石家庄专卖公司调来的老革命干部马少峰担任组长，并抽调了华北税务总局生产处的王秋芳等人，组成六人小组。在这六人中，王秋芳是唯一一位做过酒类检验、化验工作的人员。因此，马少峰指派王秋芳负责建厂相关的技术工作。

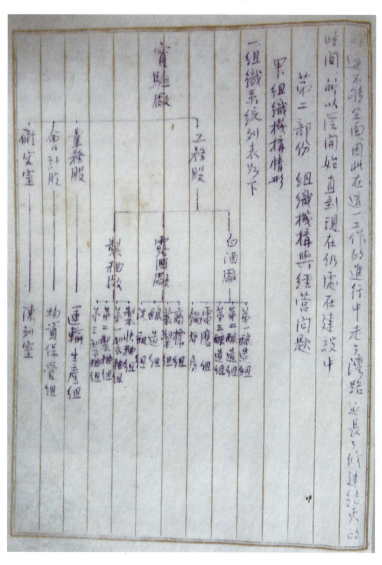

▲华北酒业专卖公司实验厂的组织架构

谁也没有想到，正是这偶然的一次工作调动，成就了一位酒业专家。王秋芳由此开启了她"两耳不闻闲杂事，一心只想酿好酒"的酿酒人生。

筹备小组成立以后，首先便开始研究建厂宗旨。根据上级制定的三个基本宗旨，六人着手拟订建厂计划。

"这个建厂计划还是我写的，那时候还是竖行呢，由右往左写，所以记得很清楚。当然这个都是很简单的概括性的一些计划。"每每提及至此，王秋芳都感到十分自豪。

就这样，到了4月底，在王秋芳等人的努力下，建厂计划工作已经基本完成。

第二节　参与厂址选定

计划工作完成后，六人小组开始厂址的选定工作。上级对厂址也有明确要求：第一不能选在城区；第二不能离城区太远，以便于员工上班及生产原材料、成品酒等进出。

▲在红星60周年厂庆活动中王秋芳正在向观众讲述寻找厂址的传奇经历

解放初期的北京远没有现在的面积大，像顺义、昌平等这些郊区县在当时还没纳入北京的行政区划。当时的北京城区基本是现在的二环以内。城区外，还分布着8个郊区，大体相当于如今朝阳、海淀、丰台的大部分地区。这使得筹备小组可以挑选作为厂址的地方极为有限。

1949年5月6日早晨，组长马少峰大手一挥，兴奋地对组员们说："今天呐，咱们找厂址去，去城外找。"当时筹备小组的办公地点在北兵马司胡同，也是华北酒业专卖公司和华北税务总局的办公地点。北平当时刚刚解放，条件艰苦。没有汽车，六人小组便一人骑一辆自行车去寻找厂址。

组员们从北兵马司出发，出了朝阳门城楼。这时，映入眼帘的是一大片庄稼地。马组长来了兴致，一把轮就拐进了田间的小埂，组员们也都不甘示弱，跟着骑上田埂。田埂都不太宽，又坑坑洼洼的，王秋芳从没骑车走过这种路，随时都有可能翻到稻田里去。她是小组中唯一一位女同志，却心气很高，不甘落后，紧紧地跟着大家。

▲ 20世纪50年代的建国路

穿过这一大片庄稼地以后，就上了一条鹅卵石铺成的马路，这条鹅卵石路就是现在建国门外的建国路。骑到八王坟，在这条马路的南边，组员们发现了一片厂房。马组长便说："咱们进去看看吧，这地看起来不小。"组员们进去以后，只见厂区全都是半人多高的荒草，在荒草中间散落了一些带血的纱布和止血棉，建筑都是没门没窗户的破烂房子。转了一圈后，发现厂区里还有不少半米多高的水泥桩子，有不少的小屋子没窗户没门，看起来像是用来圈牲口的。大家都开始疑虑道："这种条件怎么能建酒厂呢？"但马组长宽慰大家："咱们找的是地，你们看这地方，多大啊！而且离城里也不算远。"众人一商量："就这儿了！"

可是选在这儿了，却没有人能批准：由于当时北平正处于军事管制阶段，很多职能还未完善，因此得不到政府的审批，也得不到相应的证明。众人便决定仿照古人，来一个"跑马圈地"。马组长找了一个筐子，装上白灰，顺着厂区边撒上一圈，又找了块木板，上书"华北酒业公司实验厂用地"，就等

▲ 1949年年末实验厂厂门旧照（《人民日报》记者拍摄）

于是把厂址给圈定了。这样，第一家国营酒厂就此诞生。

时间已经到了中午，当时附近没有饭馆、商店，住户人家也特别少。幸好马组长想得周到，临出发的时候带了一袋白面。组员们在厂区的角落里找到了一口大铁锅，从南边的通惠河里打了些水，再把白面搅成疙瘩，放到锅里煮。有人还在地里拔了点小葱，撕一撕搁到锅里。熟了之后，大家便围着锅，就着贴饼子有滋有味地吃了起来。

这顿普普通通的疙瘩汤，却成了王秋芳最难忘的一顿午餐，更是王秋芳开启她酿酒征程的第一餐。

第三节　建设第一家国营酒厂

后来员工们了解到这个厂子的前身是日本侵华时期建立的屠宰场，那些半米多高的水泥桩子便是宰杀牛羊用的；那些没门没窗户的小屋子，其实就是牲畜圈。日本战败投降后，中美军调小组曾把这个地方改为二八医院，那些散落在草丛里的血纱布、止血棉便是那一时期遗留下来的东西。

厂址确定之后，员工们便很快进驻厂区，开始了紧锣密鼓的建设工作。建厂初期的工人有很大一部分来自北京的源升号、龙泉、景全茂等12家老字号烧锅（制作白酒的作坊）。政府在禁止私人酿酒后，将全部老烧锅关停，并把很多经验丰富的酿酒技师和工人集中到实验厂重操旧业。这些人员，组成了实验厂最早的四个白酒酿造班组——"老四班"。

▲ 1947 年《工商新闻》报所载文章《由龙泉烧锅看北平酿酒业》。文中提到的永定门龙泉烧锅、广安门永和成烧锅，于 1949 年 5 月被实验厂收编

关停的老烧锅的酿酒设备也都由实验厂接收。因此，实验厂既是一个新企业，同时也是 12 家老字号烧锅生命的延续。

这段时间，员工们的工作除了接收人员、设备外，还需要在荒废的厂区建起一座座不同功能的车间或厂房，因此工作强度很大，工作节奏相当快。

▲红星收编的 12 家老烧锅部分职工档案

　　员工们每天都要工作 10 个小时，白酒工人则是"包活"，即什么时候完成任务什么时候下班，下班之后还要开 2 个小时的会，每周还得轮上一两次夜班。老员工成志安曾在红星（实验厂）建厂 50 周年大会上回忆过这段艰苦的日子："我进厂以后，马厂长谈完话，让我找程技师领东西，给了我一个面袋、一把刷子、一副拖拉板，光着脚丫子开始洗瓶，也没什么劳动保护，手脚都泡得发白。冬天裂口子，有时抹凡士林都不管用。白酒工人就更苦了，但他们很满足，说比旧社会强多了！"

　　除去工作上的困难以外，员工们在生活上的困难也很大。首先是饮食非常单调。由于物资匮乏，一天三顿饭都是窝头，八个人一桌，每桌一个菜、一个汤。后来条件稍好后改为一星期吃一次面食，有时吃馒头，有时吃面条，星期天则只有两顿饭。娱乐活动更是少得可怜。员工们只能在开会时唱唱歌，跳跳集体舞。礼拜天休息也没地方去，进城也没汽车，只能到东郊车站坐 9 点的火车。但回来时赶不上，就得顺铁道边走，从前门一直走回来。

　　住宿也是个大问题。荒废的厂区里没有宿舍，又来不及建，只能把牲畜圈改造成宿舍，安上门、窗便住了进去。"白天苍蝇多，晚上蚊子咬，白天虫鸟叫，晚上蛤蟆叫，觉都睡不好。"员工们把自己的住宿环境总结成了这样一首打油诗。

▲建厂初期，工人们热火朝天的工作场景（《人民日报》记者拍摄）

王秋芳虽是女性，但也不例外，被安排住在荒废的猪圈里。"宿舍"周围杂草丛生，蚊蝇多都不是大问题，问题是蚰蜒、蝎子这类的毒虫太多。这对王秋芳来说简直是种折磨——她最怕虫子。这段时间，她白天要全身心地投入紧张的工作当中，晚上还要防范毒虫的"迫害"。即使这样，倔强的王秋芳也从来没叫过苦。

虽然没叫过苦，但到了晚上她也免不了害怕。有一位工程组的组长叫李永科，蚰蜒钻到耳朵里了，疼得不行，就找到酒厂的朱大夫。朱大夫也从来没"医治"过这种病人，只能拿着钳子往外夹，可是越夹蚰蜒越往里钻。最后还是老乡用土方法——往耳朵里灌香油，这才把蚰蜒"引"了出来。

王秋芳知道了这件事后很害怕。怎么才能免除毒虫的困扰呢？她冥思苦想了很久后，采取了一些办法："我在床上搭一个帐子，人钻到帐子里以后从里面把这床单和帐子都给缝一块儿。如果有虫子呢它在外头爬，我这一打就打下去了，它不至于钻到我帐子里。"

不管是筹备工作的夜以继日，还是建设酒厂的筚路蓝缕，王秋芳从没叫过苦、喊过累。正是由于以她为代表的第一代红星人的艰苦创业，才使红星酒厂逐渐步入正轨。20 世纪 50 年代，实验厂（红星）便逐渐发展成为全国实力最雄厚的白酒厂之一。

▲ 1949 年王秋芳在厂区外拍照留念

國營北京釀酒廠生產管理情況的報告

報告人：輕工業部國營北京釀酒廠廠長王致中
　　　　中共國營北京釀酒廠总支書記張元村

中共中央办公廳机要室發

▲ 1956 年，红星作为当时全国最大的白酒厂，根据中央办公厅的要求，向毛主席汇报了《国营北京酿酒厂生产管理情况的报告》

第四节　有苦也有甜的时光

面对"白手起家"的艰辛，员工们顶着重重压力，却依然保持着乐观精神。他们苦中作乐，为紧张的工作带来几抹色彩。

建厂初期，酒厂同人们经常说自己是在"动物园"工作。当时的红星有"猪、马、牛、羊、猴"，当然不是真在厂里养了这五种动物。这五种动物分别"代表"了酒厂中大家耳熟能详的五个人物的姓氏。"猪"是酒厂的医生朱大夫；"马"是第一任厂长，也是建厂筹备小组的组长马少峰；"牛"是管生产的股长牛宗辉；"羊"是酒厂的党委书记杨广珍；"猴"是酒厂的侯会计师。

▲建厂初期实验厂领导干部的合影，中间者为首任厂长马少峰

▲建厂初期女员工们的风采（《人民画报》记者拍摄）

　　酒厂同人们还常提到当时的"五朵金花"。这"五朵金花"分别代表了当时酒厂的五位女性：王秋芳、白玉华、任逸薇、朱绮霞、张天杭。这是制曲技师刘宪章首先打趣提出来的。为什么叫她们"五朵金花"呢？是因为她们五位不但长得漂亮，而且酒量还很好。拿王秋芳来说，她在当时半斤酒下肚都跟没事人一样。曾有人问，你们为何能有如此大的酒量？王秋芳笑言："造酒就要懂酒，懂酒就要爱酒，爱酒就要喝酒！"

第三章

科学总结——二锅头酒传统酿制技艺

第一节 招兵买马建立研究室

由于上级单位为实验厂定立的核心宗旨是实验白酒生产的科学化，因此成立研究室对酒类的各项数据进行化验研究，便成了万事之开头。

要建立研究室，光靠酿酒技师和工人不行，必须要有专业的技术人员来负责化验研究工作。当时，王秋芳提出要招聘一些技术人员，这样研究室的工作才能顺利进行。这时的"马组长"已经成为了"马厂长"，他考虑再三，决定接受王秋芳的建议，并指定王秋芳——这位实验厂的"第一个技术人员"全权负责招聘工作。

由王秋芳全权负责招聘工作，便是要由她出考题，由她主持面试，也由她负责考核。这是王秋芳第一次自己独立负责酒类相关的工作，没人可以依靠，这使她既兴奋又担忧。从编写招聘考题，再到考核面试，在王秋芳的不懈努力下，招聘工作进行得十分顺利。

通过审核，王秋芳最终选定了三位主要技术人员。第一位是北京大学应用化学系的刘震，学的是化学专业；第二位是北京高级工程学校的应届毕业生孔刚；第三位是由实验厂收编的老酒坊——龙泉烧锅选聘的大曲技师刘宪章，负责制曲工作。

▲实验厂研究室部分员工的登记表

技术人员已经齐备，但化验设备却严重不足，许多专业的设备都需要专门采购。时值北平市军管会正在接收敌伪财产，原国民政府北平市市长、华北广播协会会长周大文开设的化工厂也是接收的对象之一。该厂位于东直门内，主要生产药品及酒精，化验设备十分齐全。华北税务总局听说实验厂的研究室正紧缺化验设备，便指派实验厂去接收这家化工厂。

那时候，到城里去只能乘坐依靠畜力的胶轮大车。自接到接收化学厂的任务后，每天早上拉车的师傅都在研究室门口吆喝："你们研究室谁去啊，跟着我拉东西去！我可不会挑啊，我不知道这些东西哪些有用哪些没用！"王秋芳和她招聘的技术人员四个人就轮流坐着胶轮大车到化学厂，每天来来回回跑几十里路，把厂里的药瓶、三角瓶、蒸馏器等化验设备全部拉了回来。

人员充足，设备齐全，研究室终于可以开始正式工作了。

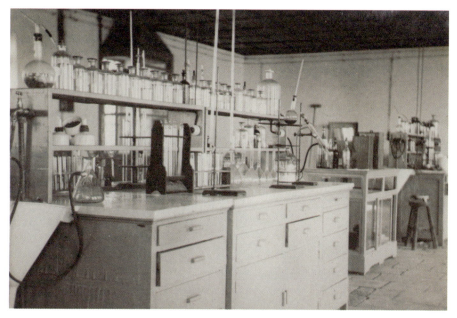

▲建成的研究室一角（《人民画报》记者拍摄）

第二节　确定酒类分析方法

研究室刚一建立便迎来了一项巨大挑战——确定酒类的分析方法。

当时对酒类的分析化验还没有成熟、统一的标准。酒中的水分如何测定、酒精度如何测定、含糖量如何测定等都没有固定的方法，都需要王秋芳等技术人员探索。

接到任务后，王秋芳等四人苦思冥想：如何能在短时间内探索出一套分析方法？这时，有人提议道："国内没有分析方法，难道国外也没有吗？"众人犹如醍醐灌顶一般，都想到了刚刚招进来的刘震，他是北京大学应用化学系毕业生，他在面试时提到过自己的外文很不错。如此一来，查找、翻译外国化验方法的任务便落在了刘震肩上。

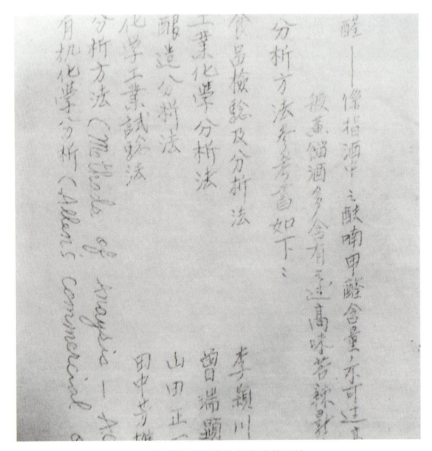

▲王秋芳关于酒类分析方法的手稿

　　刘震翻译了美国、日本的一些专业书籍中的几种化验方法后，王秋芳等人便开始进行实验。将几种方法对比，最后确定了各个项目的测定方法。

　　如今有些酒类项目的分析方法，虽然在技术方面进行了很大改进、设备方面做了很大提升，但还是当年王秋芳等人确定的。比如白酒中含糖量的测定，现在依然沿用菲林试剂法。这说明了当时确定的方法有很大的实用性。

第三节　制定二锅头工艺标准

　　确定了化验方法之后，研究室众人利用这些方法开始了研究实验厂的核心任务——实验白酒生产的科学化管理。北京的白酒，质量最好的要数二锅头酒（解放前称为烧刀子、白干），从12家老字号酒坊调拨过来的技师和工人们在此前也都是以生产二锅头酒为主。因此，实验白酒生产的科学化管理，实际上就成了实验二锅头酒生产的科学化管理。

所谓科学化的生产，就是要将工人们的酿酒经验转化成可靠的数据来指导生产。过去工人做酒都讲究"手捏、鼻闻、脚踢、眼观"，靠经验来指导生产。

比如二锅头酒生产中的入池发酵环节，技师们通常先用手捏糙子，通过捏出水的多少，来确定入池的水分。如果技师觉得水分刚好，就可以入池了。如果觉得水分少了，要"再加俩"。所谓"加俩"，就是再加两桶水。然后用脚踢，脚一踢糙子就能知道温度能不能达到入池标准了。最后是用鼻子闻，就是把正在发酵的糙子拿出来闻一闻，当技师觉得"够劲了"，糙子就可以出池了。所谓"够劲了"就是糙子里的酒精含量差不多了，可以进行蒸酒了。

▲技师以"鼻闻"的方式在发酵池中检查发酵过程

▲技师以"手摸"的方式在发酵池中检查发酵温度

　　蒸馏出酒后，技师们也都是通过眼观来"看花摘酒"，"看花"即看酒花。中国酿酒行业把在白酒蒸馏过程中，蒸馏液流入锡盅中时，水、酒精由于表面张力的作用而激溅起的气泡，称为"酒花"。酒花可分为"大清花""小清花""匀花""油花"等。其中大清花花如黄豆、整齐一致、清亮透明、消失极快，酒度在65°～80°；小清花花如绿豆、消失速度略慢，酒度在58°～63°。"看花摘酒"即通过观察酒液落在桶中溅起的酒花大小、形状来摘取质量好的酒液。

　　上述这些都是非常主观的经验操作，王秋芳等人的任务就是将这些经验转换成客观可靠的数据。

　　他们意识到，想要得到科学可靠的数据，第一项工作就是取样化验。

　　这项工作说起来容易，真正做起来是又费神又费力。每天上班，王秋芳都要在车间里等候。当技师"手捏"完，说"行了"的时候，王秋芳要赶紧接过糁子，捧着一路小跑地送到研究室，分析糁子中的水分含量是多少；技师们"脚踢"时，王秋芳也要赶快拿着温度计检测技师所踢的糁子的温度；"鼻闻"的时候，王秋芳也要赶紧接过糁子，小跑到研究室，分析糟子中的酒精含量。最后蒸馏出酒时，王秋芳就得拿一个酒精计插在接酒桶中检测质量最好的酒究竟是多少度。

由于技师们水平有高有低，习惯也有所差异，所以王秋芳反复取样、化验，她需要把各班技师的数据综合起来，才能得出一个科学、准确的数据。

在反复取样、化验的过程中，王秋芳需要频繁地进出车间，此差事也为这位实验厂唯一的女化验员徒增了一些不大不小的烦恼。这是为什么呢？

在古代，酿酒行业有一个不成文的规定：女人不能进酒坊。理由有二：

第一个理由毫无科学依据，属于封建迷信，听起来让人有些啼笑皆非：女人进酒坊会影响出酒率。

第二个理由则比较符合实际情况：因为出锅的酒醅温度高，造成整个酿造车间里都特别热，而且当时的白酒工人劳动强度特别大，所以干不了一会儿就汗流浃背。工人们一般在工作时都光着身子，只戴一块白布当围裙围在身上。甚至一些豪放的工人连围裙也不戴，直接赤身裸体，因此女同志进去十分不便。

每当王秋芳需要进车间取样时，她都得站在门口先吆喝："师傅，来取样了啊！"她这一喊，里边的工人就都知道该回避回避了。

经过反复的数据核实，王秋芳等人终于确定了二锅头酒在生产过程中的各项数据，最终汇总编写成《传承北京二锅头的分析方法及产品质量标准草案》。从此之后，各班技师、工人酿制二锅头酒时，都以此为标准。比如，在入池前需要根据标准规定检测糟子的水分、温度，合格后才可入池发酵。

就这样，王秋芳等人制订的二锅头酒工艺标准，很好地解决了经验指导生产的问题，二锅头酒的产品质量也明显提高了。这是二锅头酒发展史上的里程碑。

▲华北酒业专卖公司《专卖》杂志对王秋芳等人研究二锅头酒科学生产的介绍

第四章

成功创新——白酒生产机械化

建厂的核心任务算是圆满完成了，接下来便要尽量实现机械化生产，解决工人劳动强度大的问题。

王秋芳等人一商量，决定从酒醅出池这个环节开始下手，因为这块工人的工作量、劳动强度特别大。当时的发酵池很深，起码有两三米。在开始蒸酒的时候，工人需要站在池子里用铁锹使劲把酒醅扬到池子边上，一般人扬几下，手臂就已经发酸了。

经过王秋芳等人的研究，最初步的刮板出池机诞生了。它的运作原理类似水车，有很多横向的刮板，机器启动后，刮板开始由池底到池顶纵向循环。这样的话，工人只需要把酒醅轻轻撩到刮板中，刮板便可由机器带动，翻到窖池边上了。机器投产使用后，工人都纷纷赞扬："这太好了！我们这么多年干活都是靠膀子往外撩，从来没想过能这么省劲。"

刮板出池机的成功激励了众人。经过调研后，王秋芳等人决定试制一台能自动把糟子扬冷的机器。因为蒸完酒后，酒醅的温度很高，能达到八九十摄氏度。而蒸过的酒醅还需要加新料，再次入池发酵。这时必须要先把酒醅的温度降下来，才能加新料。降温的方法就是拿铁锹把酒醅往空中高抛。这种方法要想把酒醅温度降到可以入池的二十多度，往往需要工人高抛数次，因此工作强度不亚于酒醅出池环节。

研究室众人经过数次实验，终于研制出了扬糟机。它利用机器动力高速射出酒醅，使扬冷的效率大大提升，也十分有效地降低了工人的劳动强度。

▲红星车间使用的扬糟机

在取得这两项成功后，王秋芳等人一鼓作气，又先后研制了直管冷却器、机械甑盖。

▲机械化实验成果在生产中的应用

这些机器研制成功后，立即经中国专卖事业总公司（原华北酒业专卖公司）在全华北区推广，在获得广泛好评后，进行全国推广。当年研制的刮板出池机、扬糟机、直管冷却器虽然在之后进行了不少改进，但基本原理一直保持不变，直至今日它们还在被很多酒厂应用。可以说，中国白酒的机械化运动便是从红星酒厂开始的。

第五章

白手起家——生产开国献礼酒

第一节　生产开国献礼酒

1949 年 7 月，经过两个月的不懈奋战，实验厂已形成初步规模。由于实验厂是第一家国营酒厂，因此上级为实验厂下达了一项光荣而特殊的任务：在 10 月 1 日开国大典之前，生产出一批二锅头酒，为新中国的诞生献礼。

当时已经是 7 月底。酒厂的酿酒班只是为配合研究室的实验，进行小规模地生产。如果按照传统的二锅头酒生产方法进行生产肯定无法按时大规模出酒。因为按照传统的方法，大曲在制作完成后，起码要经历两到三个月的储存期，再加上发酵的时间，等到生产出酒，开国大典也已经过去了。

幸而王秋芳等人在此时已经初步完成了《传承北京二锅头的分析方法及产品质量标准草案》的制订，总结出了一些二锅头酒生产的规律。并且由于有了较准确的生产数据，生产效率也得到很大提升。

王秋芳与酒厂同人都感受到了压力的巨大，但一想到献礼酒的任务交给了自己，人人都觉得很兴奋、很光荣。经过员工们的不懈努力和昼夜奋战，在9月下旬的时候，酒终于流了出来。而且按照王秋芳等人总结的生产标准产出的二锅头酒，质量相较于传统二锅头酒有很大的提升。

酒是出来了，可是当时没有专门装白酒的瓶子，再去生产也来不及了。实验厂马上向华北酒业专卖公司报告了这一情况，专卖公司急中生智，命令实验厂附近的飞马啤酒厂（北京啤酒厂前身）支援一批装啤酒用的棕色瓶子，来装献礼酒。而后，献礼酒被配以红五星、蓝飘带的"红星"商标。红星代表中国革命，蓝飘带代表人民载歌载舞欢庆胜利。该商标由集体研究决定，日本友人樱井安藏完成设计。

▲第一批红星二锅头酒及商标

▲建厂初期，实验厂酒库中的红星二锅头成品酒（选自《人民画报》）

　　大伙儿加班加点把献礼酒一箱箱地装入"万国牌"载重汽车，一刻不耽搁地送到了开国大典筹委会处。光荣地完成了献礼酒任务，大伙儿心中的一块石头总算落地了。

　　历史上的第一批二锅头酒也在这时开始上市了，到 1949 年底共生产销售了 20.5 吨。北京老百姓对这款新中国成立以后新上市的酒感到十分满意，认为二锅头既便宜又顺口，与之前的烧刀子味特别相近（过去北京没有二锅头的说法，都叫烧酒或烧刀子）。二锅头酒赢得了老百姓的欢迎，这也是之后它得以扩产的主要原因。

▲ 1951 年，红星二锅头酒的广告

第二节　参加开国大典

1949 年 10 月 1 日，是王秋芳人生中最难忘、最光荣的日子之一。这一天，由于出色地完成了开国献礼酒的任务，组织上特别批准实验厂参加开国大典。实验厂组成了一个三十余人的方阵，由于研究室对献礼酒任务的巨大贡献，王秋芳也位列其中。

10 月 1 日凌晨，王秋芳等人两点便已起床。大家都穿上最好的衣服，带上午餐，乘汽车到建国门下车，步行走到东单。这时，马路上已全是坦克、骑兵和炮车。实验厂三十余人方阵列于天安门东边的南池子口，本来都已站好队，等待大典开始，忽然间有人传国民党反动派要来轰炸，人们都往东跑。王秋芳看到众人跑，自己也跟着跑，一口气就跑到了东单。警报解除后众人又都跑了回来。

▲开国大典的照片

后来了解到确实是国民党反动派要在新中国成立时有动作，想要轰炸天安门，让开国大典不能顺利进行。

开国大典本来说是 10 点开始，结果一直等到了下午 3 点。虽然王秋芳又渴又饿，但听到毛主席宣布"中华人民共和国中央人民政府已于今日成立"的时候就什么都忘了，只听耳边欢呼声响成一片。值得一提的是，实验厂，是唯一一家参加开国大典的酒厂。这是一份难以忘怀的殊荣。

王秋芳后来在回忆这段故事时，动情地说："我们感到非常光荣。尽管我们付出了这么多的劳动，生活上又有这么多的困难，但是我们所得来的荣誉，所得来的成果，对我们来讲应该说是非常地激动。想起过去的这些事，还都历历在目，感觉时间并没有过去六十多年，而是很近似的。所以我能够很细地记住这些。"

第六章

统一经营——支援兄弟厂发展生产

第一节　接触经营管理

不知不觉，已经在研究室工作了一年的王秋芳，向同事们学习了很多酿酒经验，水平有了不小的提升。尤其是北京大学应用化学系毕业的刘震，对她的帮助最大。

1950 年，中央税务总局（原华北税务总局）召开了全国第二届酒业经营管理会议。会议决定将石家庄露酒厂、山西清源露酒厂划归实验厂领导，成立中央财政部税务总局联合工厂。红星商标的设计者樱井安藏被调至实验厂任技师，负责全厂设计和建设工作。

决定下达后，实验厂作为领导厂，马上组织石家庄露酒厂和山西清源露酒厂的人员复会，商讨三厂的统一经营管理问题。王秋芳作为实验厂的技术人员参会。此外，石家庄露酒厂副经理张利、准备调任实验厂技师的樱井安藏、山西清源露酒厂的吴士桥等人也出席了此次会议。

▲ 1950 年 5 月，新成立的联合工厂部分员工的合影，第三排右三为王秋芳

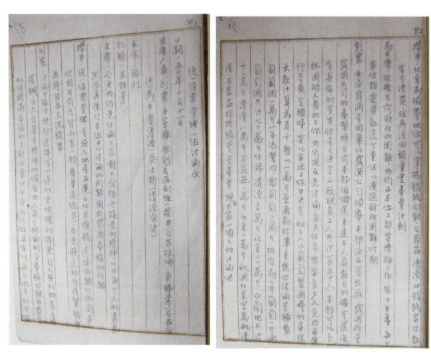

▲ 由王秋芳执笔的三厂统一经营管理会议的会议记录

在会上，大家结合三厂的实际情况，分别对统一经营发表了自己的看法。最后大家集中讨论了有关露酒统一产销的问题。作为实验厂的技术骨干，王秋芳被派往山西清源露酒厂，帮助提高产品质量。

这是王秋芳首次接触经营管理事宜，这为她之后从技术人员向企业领导的转变打下了基础。也是在此次会议上，王秋芳结识了一位朋友——樱井安藏。

第二节　与樱井安藏夫妇

樱井安藏，日本京都市人，早年经商，日本侵略中国后，被日本政府强迫废业，调至中国创办沙城酒厂。后受中国共产党的影响，转而投身中国革命事业。1945—1949 年，樱井安藏在革命老区参与建立多家酿酒厂、酒精厂，由于成绩突出，还曾受到过聂荣臻、贺龙二位元帅的接见和鼓励。也正是在这期间，樱井安藏设计了之后享誉中外的红星商标。1950 年 5 月，樱井安藏奉命由石家庄露酒厂调至实验厂（红星），任技师及建设工程负责人。

王秋芳与樱井安藏的结识，就是在这次三厂的统一经营管理会议上。但二人真正成为好友，得益于樱井的夫人王明爱。

王明爱也是日本人，在调到实验厂后，任研究室的技术员，负责微生物的培养工作。作为研究室仅有的两位女性，王秋芳和王明爱二人很快就变得亲密无间。后来，她了解到王明爱正是那位樱井技师的妻子，逐渐地三人也成了好友。

樱井安藏对红星酒厂的贡献很大。王秋芳曾评价："他对工作十分认真负责，总是迎着困难上，而且他很善于学习，不懂的东西也爱去钻研。"除去红星商标，酒厂原来的办公大楼、电工室等（现均已拆除）也是他设计的。

35

　　樱井初来红星的时候，厂里要设计一个办公大楼，由于建筑方面的人才比较匮乏，组织上只能把这个任务交给他。这对没学过建筑的樱井来说很有挑战性，他起早贪黑自学建筑，最后保质保量地把大楼设计了出来。后来厂区又要添置一个电工室，领导又把这个任务派给了樱井。设计电工室与一般的建筑设计不同，不仅要懂建筑设计，还要懂电路设计，技术性更高。但他依然圆满地完成了任务。樱井通过自身的努力赢得了酒厂同人的尊重。

▲由樱井安藏设计的北京酿酒总厂办公楼

　　1953 年，国家要求遣返在中国的各国侨民，樱井安藏夫妇因此也要回到日本。临行前，王秋芳十分不舍二位好友，酒厂同人们也是如此。众人一商量，从外面请了位摄影师，在樱井夫妇临行前留下了一张合影作为纪念。

▲樱井夫妇在返回日本前与酒厂同人的合影留念，中排中间戴鸭舌帽、穿皮夹克者为
樱井安藏，其右为王明爱，再右是王秋芳

樱井夫妇在回国后，曾通过中国妇联为王秋芳带回过一张一家四口的合影。后来，王秋芳等酒厂同人也为樱井寄了一张合影作为回礼。

虽然一起共事的时间并不多，但樱井身上的认真、刻苦却让王秋芳印象深刻。后来虽然与樱井夫妇断了联系，但每当讲起实验厂时，她还是经常把他们挂在嘴边，以此来教导红星的年轻人认真负责、努力奋进。

第三节　支援清源露酒厂

1950年，根据"三厂会议"的决定，王秋芳被派往山西，支援清源露酒厂。

如今，我们乘火车，从北京到清源也就几个小时。但当时交通十分不便，火车不但线路少，而且运载能力和速度也十分有限，并不像现在这样便捷。

王秋芳在嘈杂拥挤的环境中坐火车到达了太原。但从太原到清源露酒厂还有80余里路，王秋芳在太原市专卖公司的安排下，与同行人一起坐上了一辆拉白面的大马车。

天刚破晓，王秋芳便坐上马车奔赴清源。车夫从启程就对王秋芳说：

"看见那座山了吗，咱们走到山脚就到了。"这山看着近，可是走了很久还没走到，只是老看到山脚。马车一直走到了晚上 8 点多，走了一整天，终于进了清源县，到了酒厂。王秋芳一天都坐在白面袋子上，结果弄了一身白，就跟从面口袋里边钻出来的似的，走路都飘着面粉。

王秋芳不顾赶路的辛苦和劳累，翌日便投入工作当中。

清源露酒厂占地 10 来亩，大门朝东开，正对大门建有半地下发酵车间，现在叫车间，当时叫发酵场。发酵车间中间有一条通道，两边各有 3 排一半被埋在地下的水缸，每排 20 来个，每个水缸能容 100 来斤原料。发酵车间南面是半地下的储酒车间，有水缸的，有水泥池子的；西面是榨汁的地方；北面是化验室和一排宿舍。

当时酒厂基本是手工操作，通过人工脚踩，获取葡萄汁，然后用桶将葡萄汁放进缸中发酵。化验室里也大都是自制的设备。葡萄酒酿制过程需要用滴定管测试糖度，人们就研究制作了一套土设备：将一个水桶架起来，插上水管，通过水管桶内的水向下流，做冷凝水，从而起到冷凝的作用，进行滴定操纵。

"解放初期，人口活动性小，缺少全国通用的语言，各地人都说各地的方言，外地人很难听懂。我在清源酒厂工作时，酒厂给我派了一个助手，结果听不懂对方说什么，只好比画，在比画中进行交流，工作难度很大。"王秋芳说，"不过大家为了做好工作，都很有耐心。"

工作两个月后，到了 11 月，葡萄采摘、榨汁基本接近尾声，王秋芳的任务完成了。回程的时候，仍需要坐马车，这次车上运送的是小茴香和花椒。这时天气逐渐变凉了，王秋芳坐在车上有些发抖，幸亏赶车师傅不错，扔过来一件羊皮袄，说："盖上点儿吧。"于是王秋芳坐在小茴香和花椒中间，盖着羊皮袄，又在吱呀声中，用了一天时间回到了太原。

王秋芳作为一个姑娘，这一路可吃了不少苦。吃饭是她这一路最头疼的问题。马车一路走商道，不路过大城市，车夫们吃饭都在路边小店，王秋芳也要和他们一起，不然没得吃。这几天在路上吃的东西王秋芳都叫不上名字来，馒头与稀汤和一块儿，有点像北京的卤煮。味道暂且不提，卫生是个大问题——馒头上落满了苍蝇。王秋芳看着碗直犯愣，嘟囔了一句："这怎么吃？"车夫笑着答道："没事儿，轰轰就吃。"她当时实在吃不下去，但又不好驳了车夫的好意，吃了两口就借口坐车头晕，不再吃了。

因此，回程时在太原吃的那顿饭，让王秋芳印象深刻。那天，太原专卖公司的人来接待王秋芳，问她："辛苦颠簸一路，马上就要回京了，想吃些什么？"她不好意思地说："一个月都没吃米饭了。"太原专卖公司的同事听后哈哈一笑："那一定要吃顿米饭啊！"饭菜一上，王秋芳在饭桌上也不顾女孩矜持的形象了，一口气把一碗鸡蛋炒饭吃光。

第七章

去粗取精——参与纯种制曲实验

1951 年，王秋芳从山西清源露酒厂"凯旋"。同年，为响应国家酿酒工业要节粮的号召，中科院的微生物专家方心芳先生（我国著名微生物学家）提出要改造大曲，研制麸曲。他与时任研究室负责人的朱梅工程师是老朋友，他知道实验厂拥有丰富的化验分析和生产白酒经验，是麸曲研制工作的首选之地。于是，经过华北酒业专卖公司的批准，方心芳先生便将实验厂作为科研基地，研制麸曲酒的生产。

接到任务后，实验厂组织厂里的技术人员和工人成立了攻关小组，王秋芳也是其中的一员。在方心芳先生的协作下，攻关小组对大曲中的酵母和霉菌等微生物进行了人工分离培养，而后将培养出的酒母和霉菌等制成麸曲，取得了很大成功。在小组中，王秋芳负责检验麸曲的糖化率，并且她需要反复品尝麸曲二锅头酒，

▲传统大曲的曲房

与大曲二锅头酒进行比对，以此来保障麸曲二锅头的口感质量。最终，麸曲二锅头酒的实验结果使得出酒率提高了 20% 以上，不但节粮效果显著，还改良了酒的口味，同时麸曲的应用使得生产周期大为缩短，大大减轻了工人的劳动强度。麸曲实验成功之后，实验厂开办了麸曲培训班，向全国推广。

▲ 1952 年，参加第一届"麸曲培训班"的学员

　　麸曲的诞生是酿酒史上的一个重大突破，它改变了大曲生产天然、不可控的局面，使得制曲这一步骤实现了人为可控的科学化生产。

第八章

初出茅庐——检测评选首届八大名酒

第一节　检评103款酒样

1952年秋初，王秋芳又迎来了新的挑战。当时，中国专卖总公司（前华北酒业专卖公司）决定要对全国的各种酒类进行分析检测，以评比它们的质量。实验厂的研究室在建立后的三年间不断总结摸索出了许多科学的化验方法和工艺标准，对酒类的化验早已轻车熟路，因此，检测所有酒样的工作，就毫无疑问地交给了王秋芳所在的实验厂研究室。

当时，全国酒类按类型分有白酒、黄酒、葡萄酒、白兰地、露酒、药酒几大类。中国专卖公司将103款酒的样品从全国各地悉数送到了实验厂的研究室，并指派我国著名酿酒专家朱梅领导此次检测工作。朱梅工程师马上召集了研究室的王秋芳、辛海庭、马占文、王明爱这四位精兵强将来共同参与这项工作。

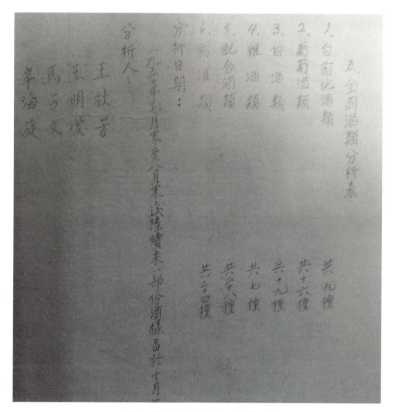

▲第一届全国评酒会王秋芳手稿

王秋芳等人接到任务后，首先对 103 款酒样按类型进行了分类，并把它们陈列在研究室旁的屋子里，以方便领导和上级来视察工作。紧接着众人便开始根据之前摸索的化验方法对各种指标进行检测，但有一些指标的检测在之前的工作中并没有涉及，因此王秋芳等人又使用了之前的老办法，从书中寻找材料，摸索方法。他们用了近两个月的时间，经过反复的对照、矫正，最终将全国 103 款酒样进行了全面的分析检测。

▲朱梅工程师

那段时间，研究室成员们的日常生活几乎可以概括为"三点一线"，根本没有周末、休息日的概念，甚至也没有上班、下班的区分。研究室的全体成员就住在厂里，每天除了吃饭、睡觉，大家都在工作地点：要么是在做化验检测酒样，要么就是在查阅整理资料，为评酒工作进行理论储备。王秋芳曾对记者回忆道："总之，我们都是充满了一腔热情，差不多每天都要工作到夜里10点多，心里只有一个信念，就是一定要把检验酒样工作圆满完成。"终于，王秋芳等人在朱梅工程师的指导下，撰写了不同类型酒种的质量检查报告。

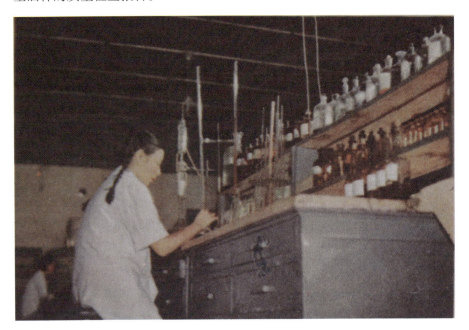

▲ 正在进行检验工作的王秋芳

在分析化验工作中，王秋芳还不幸出过一次意外。当时分析杂醇油的方法是用硫酸和酒精煮沸。她在做这个实验的时候，一不留神硫酸溅入眼睛里。当时她就眼前一黑，什么都看不见了。好在同事们反应迅速，忙赶着"大车"给她送到了同仁医院。幸运的是问题不大，也没有落下什么病根儿。在蒙了一周的纱布后，王秋芳就又投入工作当中。

第二节　撰写八大名酒分析报告

检测工作顺利完成后，朱梅工程师向领导建议："现在各酒种的检测数据都已经出具了，咱们是不是让人们了解、推荐一下这些酒中哪种是最好的酒？"这个建议立即得到了领导的采纳，但既然是最好的酒，就要各方面都拔尖，不能完全依靠检验数据来排序。

经过深思熟虑，王秋芳等人为"最好的酒"定下了四项标准：

① 一定是全国市场流通的酒种，这样的酒是全国百姓家喻户晓的酒；

② 检测数据要符合卫生要求，这样的酒百姓喝起来才放心；

③ 必须是非常受百姓欢迎的酒；

④ 它的酿造工艺要有特殊性，不能轻易被仿造。

根据这四项标准，王秋芳等人起草了一份《中国名酒分析报告（八大名酒）》，其中推荐了四种白酒、两种葡萄酒、一种白兰地、一种黄酒，共八个酒种，分别是贵州茅台酒、杏花村汾酒、泸州老窖特曲酒、西凤酒、张裕玫瑰香红葡萄酒、张裕味美思酒、张裕金奖白兰地酒、鉴湖加饭酒。

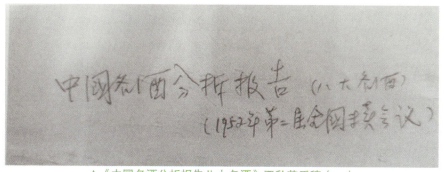

▲《中国名酒分析报告八大名酒》王秋芳手稿（一）

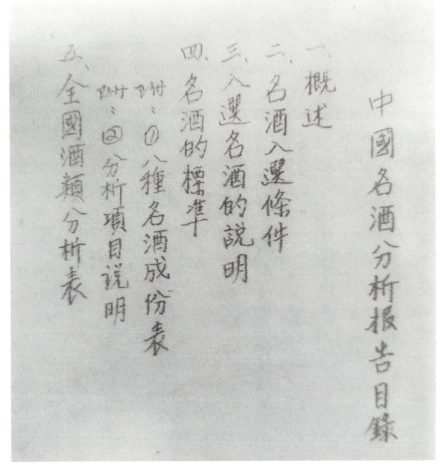

中国名酒分析报告目錄

一、概述

二、名酒入選條件

三、入選名酒的說明

四、名酒的標準

附：①八種名酒成份表

②分析項目說明

五、全國酒類分析表

▲《中国名酒分析报告（八大名酒）》王秋芳手稿（二）

　　这份报告上交后，马上受到了中国专卖事业公司领导的重视。他们针对《中国名酒分析报告（八大名酒）》，专门召开了一次会议。经过讨论，大家一致同意报告中的结论，认为这八种酒不仅分析结果符合要求，也确实是全国知名、工艺独特，遂将此八种酒定名为"八大名酒"。在会议上确定八大名酒之后，马上向外界公布了这个消息，引起了很大的反响，特别是在港澳地区。

　　后来这次评酒被尊为"第一届全国评酒会"，这是中国有史以来第一次组织全国规模的酒类评比。这次评比很大程度上促进了酒业的发展。当时评出的四种名白酒茅台、西凤、汾酒、泸州老窖，因其特殊的酿造工艺而成为四种香型的代表。这其中，实验厂自己的主力产品红星二锅头酒由于当时主要在北京地区销售，不符合"必须是全国市场流通酒种"的要求而未能入选国家名酒。这也充分证明了此次评酒的公平公正。

▲ 2012 年，在人民大会堂举办纪念四大名酒（白酒）诞生 60 周年活动，王秋芳作为唯一在世的亲历者出席（左为时年 104 岁的酒界泰斗秦含章）

　　这次评酒对王秋芳来说是一次真正的锻炼。因为之前王秋芳接触的主要是二锅头酒和少数几种葡萄酒、果露酒的分析化验。这次评比的 103 款酒样，使王秋芳得以接触到全国各个类型的酒。这对她之后职业生涯的发展有着极大帮助，也使得王秋芳成为了新中国的第一位女评酒委员。

　　经过几年的磨炼和奋斗，她在行业中逐渐崭露头角，成长为了"新中国的第一位女酿酒专家"。

二次创业篇

参与筹建东郊葡萄酒厂，繁荣北京酒业

第九章

不辱使命——筹建第一家现代化葡萄酒厂

第一节　筹建北京东郊葡萄酒厂

1953 年，实验厂更名为国营北京酿酒厂，直属轻工业部管理。1954年 1 月，王秋芳所在的研究室连人带设备全部调往轻工业部下属的烟酒工业管理局（以下简称"烟酒局"），搬到烟酒局后院的两间平房里。这是她第一次离开母厂，虽然有些不舍，但令她欣慰的是调动后的工作依然没有离开酒。

凭借着第一届评酒会的工作经验，王秋芳在烟酒局所从事的工作主要是全国酒类的分析。这时全国的酒类仍沿用第一届全国评酒会时的分类，分有白酒、黄酒、葡萄酒、白兰地、露酒、药酒几大类。啤酒酿造工程师张工提出："不能光对白酒、露酒、黄酒进行分析化验，啤酒也是一个大酒种，应该把啤酒的分析工作也纳入进来。"上级单位结合市场的实际情况，采纳了此条建议。所以，王秋芳还与张工一同负责啤酒酵母的分离选育工作。

1954 年，是我国"第一个五年计划"的第二年，加快工业化进程并建立完整的工业化体系是其中的重要任务。北京东郊葡萄酒厂的建设工作是"一五计划"中重点限额工程之一。

同年，北京东郊葡萄酒厂的建设正式提上日程，轻工业部指派第一届全国评酒会的总负责人、我国著名的酿酒专家朱梅工程师负责筹建工作。

朱梅工程师在接到任务后便想到了在第一届全国评酒会中那个工作出色的小姑娘王秋芳。他看到了王秋芳身上的无限潜力，希望她能够参与东郊葡萄酒厂的筹建工作。于是他找来王秋芳，表明了自己的意图，王秋芳毫不犹豫地答应下来。因为对王秋芳来说，这项筹建工作不仅是个磨炼的机会，更是再次亲临一线参与生产的机会。

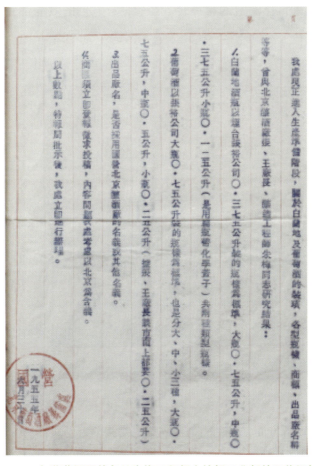

▲ 1955 年葡萄酒厂筹备处朱梅工程师交给轻工业部的工作汇报

于是，朱梅工程师向上级正式提交了调王秋芳加入建厂筹备处的申请。王秋芳正式投入筹建工作，负责新厂的生产工艺技术和设备实验等事宜。

王秋芳曾回忆："当时东郊葡萄酒厂的建设难度还是很大的，上级要求所有的设备要自行设计、自行制造，产品工艺各个方面都要自力更生，并且要做到当年施工当年生产。"

新厂的机器设备，不管是破碎机、压榨机、葡萄皮蒸馏机、自动密闭杀菌机、大型和小型白兰地蒸馏机等，都是新中国自己的工厂——轻工业部上海烟草机械厂和天津市地方国营机器厂制造出来的。从前期设计到后期的投产实验，王秋芳全程参与。新厂的每一台机器都是我国自有葡萄酒厂以来自己制造的第一台。经验证，它们的效能都完美地达到了设计的标准。

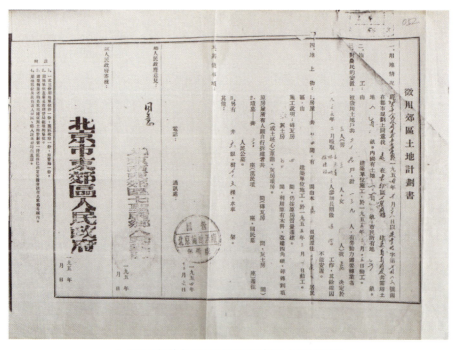

▲ 1954 年筹备建厂时的征用郊区土地计划书

不光是设备方面，整个的葡萄酒厂也是我国自己设计的。这片土地上，最开始有 74 间房屋，还有 200 座坟墓，是王秋芳等人从无到有建起了我国第一座现代化葡萄酒厂。负责此次筹建工作的朱梅工程师曾回忆说："它采用了中外名酒厂的优点，特别是学习了苏联的许多建筑经验。它的特点是宽敞而不浪费，笨重的工作都是由机器干。同时，发酵池中还装有温度控制器，温度高了用凉水来降低，温度不够时用蒸汽来升高。有了这个设备，发酵温度就不再是由自然控制，而是由人工来控制了。此外，这个葡萄酒厂还有用我国最上等的橡木制成的储藏桶，它的总储藏量比我国原有最大的酿酒厂还大了一倍左右。"

▲ 20 世纪 50 年代末，红星历史上第一本产品宣传册中果酒车间（东郊葡萄酒厂）全景

经过几个月的日夜奋战，王秋芳不辱使命，她在朱梅工程师的领导下先后完成了新厂产品质量标准、检验方法、生产工艺规程、操作规程的制订和设备设计及实验等。

1955 年 10 月 11 日，新厂开始投产，实现了上级单位当年施工当年生产的要求。朱梅工程师在 1955 年 12 月 9 日的《大公报》上发表了《北京葡萄酒厂开工了》的文章，他在文中绘声绘色地描述了新厂开工之后的场景：

"1955 年 10 月 11 日，北京东郊又有一个新的高大的烟囱开始冒出了白烟。这是按照第一个五年计划新建的果酒厂——国营北京葡萄酒厂开工了。从那天起，河北沙城、涿鹿、阳原等地丰产的葡萄，一火车一火车地运送到了东郊火车站。兴高采烈的搬运工人用大卡车或板车把这些原料送到酒厂。在这里，穿着新的蓝色工作服的工人们，愉快地在各个车间忙碌着：一筐一筐由女工们分选出来的圆圆的上等质量的紫色葡萄，被搬到破碎机前，倒入张着大口的机器；这部机器把葡萄压碎后自动输送到密闭的发酵池中去；那些葡萄梗子都被破碎机后面的轮翼自动地排出。

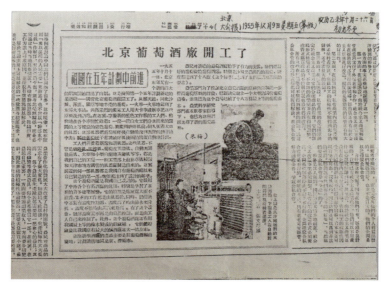

▲ 1955 年 12 月 9 日《大公报》刊登朱梅的文章《北京葡萄酒厂开工了》

......

这座新型酒厂的产品主要是红葡萄酒和白兰地，计划销售地区是京津两市。

农民对新建的葡萄酒厂给予了有力的支援。他们把最好的葡萄卖给葡萄酒厂。特别是沙城果农出售的葡萄，糖度都达到了18°（这个标准已达到了苏联酿酒对糖度的要求）。

农业部门为了保证北京葡萄酒厂的原料供应和进一步提高葡萄酒原料的质量，已经决定建立一个大型的国营葡萄农场，并且已为这个农场培植了 18 万株最上等的葡萄苗木。农业科学研究部门在苏联专家的指导下，也已为这座酒厂选择了新的葡萄品种。

不过，不久之后，轻工业部为了精简机构，把新建的葡萄酒厂（时称北京葡萄酒厂）合并到了北京酿酒厂，称为"北京酿酒厂果酒车间"。这样一来，王秋芳等于又回到了母厂继续工作。

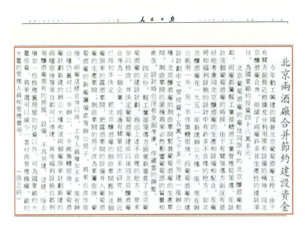

▲ 1955 年《人民日报》关于北京葡萄酒厂（东郊葡萄酒厂前身）建成后合并到北京酿酒厂的报道

第二节　改进葡萄酒生产工艺

新厂建成以后，原北京酿酒厂生产的红葡萄酒、白葡萄酒则由果酒车间负责生产。王秋芳的任务便是在老产品的基础上，实验新技术以提升产品质量。

▲ 20 世纪 50 年代果酒车间的地下酒窖

▲ 20 世纪 50 年代果酒车间的发酵车间

由于新调来的工人都没有从事过葡萄酒的酿造，所以想要保质保量地完成任务，首先就要培训学习。经过朱梅工程师的联系，果酒车间一行 30 人由王秋芳带队，到山东张裕葡萄酒厂学习葡萄酒酿造。

这里不得不提到朱梅工程师早年的一些经历。朱梅青年时曾留学法国巴斯德学院，潜心学习酿酒。1936 年归国后，几经波折就任张裕葡萄酒厂技术副经理，带领张裕技术团队攻克数道技术难关，打破了国产葡萄酒技术方面依靠外国人的窘境。他是当之无愧的中国第一代葡萄酒专家。张裕酒厂在他的带领下成为我国葡萄酒行业翘楚。

▲工人用机器将葡萄搅碎

果酒车间的新工人到张裕葡萄酒厂学习，第一是因为张裕酒厂的技术实力雄厚，第二也是因为它是朱梅工程师的母厂，方便牵线搭桥。

经过一个多月的学习，王秋芳带领的 30 位工人已经熟练掌握了葡萄酒、白兰地的酿造工艺，技术水平有了很大的提高。这些人回厂后也都成为了葡萄酒生产的骨干力量。

取经归来后，王秋芳并没有直接照搬传统的酿造方法开始生产，而是先带领职工查找资料，进行工艺改革、稳定酒质。他们发现冷冻法可以提高葡萄酒的稳定性：酒的冰点在 0.5 ~ 1℃以上，冷冻 4 ~ 6 天，当酒石酸氢钾下降到 0.079g/100mL 以下时，趁冷过滤。这样处理葡萄酒，能够大大提升其稳定性。

这就是现在各厂普遍应用的葡萄酒"冷处理"技术。这种工艺现在看是很正常的，但当时并不是这样。王秋芳到部里开会，汇报了这一课题，非但没有人支持她，甚至很多工程师都认为这是"瞎胡闹"。但她鼓励果酒车间工人："一定要坚持住！"

王秋芳不顾阻挠，执拗地带领大家在三九天里顶着刺骨的寒风开始实验，利用冬季的天然气温冷冻葡萄酒。轻工业部的一些工程师则认为王秋芳擅自做主，不听指挥，因此很长时间都不曾踏足北京酿酒厂半步。

但这丝毫没有影响王秋芳的决心。通过实践，大家认定这种方法非常有效地延长了葡萄酒的货架期（保质期），稳定了质量。于是其他葡萄酒厂也争相效仿，把"冷处理"纳入了操作规程。后来轻工业部建立了科研项目，把"冷处理"加入了"稳定性实验"项目中，进一步深化，发展了人工冷冻的方法。

由"冷处理"工艺改进的"中国红葡萄酒"更是一鸣惊人，一经问世，便以上乘的酒质，赢得各界人士的赞誉。

然而王秋芳并不满足于此，她紧接着进行葡萄酒"断酿法"实验。所谓断酿法，是葡萄酒在发酵的时候人工干预停止，目的是把葡萄含的糖分保留在葡萄酒里，而不是进行人工加糖。这样酿造出来的葡萄酒营养价值就更高了。

当时断酿法在国外有，国内还没有酒厂做过。所以朱梅工程师很支持这项实验，他说："我们新建厂，就要在技术上有更多突破。"在他的鼓励下，王秋芳在车间成功完成了断酿法的实验，使得国产葡萄酒的质量得到很大提升。但遗憾的是，由于断酿法的工艺比较复杂，操作难度较大，因此没有在之后的各种产品中继续使用。

▲王秋芳在检查产品（选自《人民画报》）

1956 年，由于王秋芳在东郊葡萄酒厂筹建中的优秀表现，及在改善工艺工作中的突出贡献，29 岁的她被破格提拔为工程师。这在当时是非常难得的殊荣，对于非"科班"出身的王秋芳更是如此。这项工程师的任命，是对王秋芳在酿酒行业杰出贡献的肯定。

第三节　研制成功"国产"柠檬酸

1958 年，"大跃进"运动开始，上级对北京酿酒厂下达了明确任务：除白酒以外，属于发酵产品的都要开发。对此，北京酿酒厂成立了一个"新研究室"，任命王秋芳为负责人。它与之前的"老研究室"有所不同，不再承担化验分析工作，而是负责技术突破、产品研发，类似后来"技术科"的职能。

王秋芳在进行调查后认为，现阶段最应研发的发酵产品就是柠檬酸。柠檬酸的用途非常广泛，在食品工业中可作为食品的酸味剂、抗氧化剂、

pH 调节剂，用于清凉饮料、果酱、水果和糕点等食品中；在医药工业中主要用作抗凝血剂、解酸药、矫味剂等；在化学工业等中用作缓冲剂、络合剂、金属清洗剂、媒染剂、胶凝剂、调色剂等。甚至在电子、纺织、石油、皮革、建筑、摄影、塑料、铸造和陶瓷等工业领域中的用途都十分广泛。

中国此前的柠檬酸一直靠国外进口，当时由于世界局势的原因，进出口贸易受到影响，柠檬酸的进口量变得越来越少。王秋芳决定试制"国产"柠檬酸，实现自给自足。

▲ 20 世纪 50 年代，果酒车间所产葡萄酒、果露酒的宣传广告

项目经上级批准后，王秋芳作为北京酿酒厂方面的负责人赶赴上海，与轻工研究所合作进行实验。从浅盘实验到深层实验，再到用棉花叶提取，他们尝试了多种办法、做了无数次实验。在总结出一定规律后，王秋芳马上带着实验数据，回厂进行小试，最终确定了用固体浅盘发酵法生产柠檬酸。

柠檬酸试制生产成功后，北京酿酒厂近水楼台先得月，将自产的柠檬酸应用在了果酒车间，进行产品的调酸。而后，此项技术经专卖公司向全国推广，我国由此逐渐实现了柠檬酸的自给自足。

第四节　工作中有起也有伏

同年，在柠檬酸正式投产后，北京酿酒厂被调整到了北京市轻工业局管辖。不久，王秋芳被直接调入北京轻工业局的科研处。

在科研处的工作经历曾让王秋芳感到十分迷茫，因为这里工作面非常大且杂：属于北京市轻工业局的食品厂、糖果厂、北冰洋、糕点厂，甚至是墨水厂和火柴厂所产出的产品都要经过科研处的分析化验，来保证产品质量达标。心系酿酒的王秋芳自然心生忧虑，再加上工作特别繁忙，所以这段时间王秋芳终日闷闷不乐。与她一同调任轻工业局的老厂长见她这样，知晓她心中烦闷，便安慰道："不要着急，过不了多久，还会有变动，你还是可以回到生产一线的。"

果不其然，1961年，北京轻工业局决定成立食品酿造工业公司，管理北京市的食品制造业和酿酒业，并将王秋芳调到食品酿造公司做技术科长。王秋芳的主要工作一方面是对酒类分析化验，当时除了北京酿酒厂以外，还有葡萄酒厂、啤酒厂；另一方面是对食品分析化验，主要有义利、北冰洋、食品厂、第一食品厂、果脯厂，以及北京四城的糕点厂。以上这些厂家的产品都在技术科的化验范围之内。

1965年，北京轻工业局再次决定进行机构调整，把食品酿造公司一分为二，成立北京食品总厂、北京酿酒总厂。这两个厂分别统筹管理北京市的食品制造行业、酿酒制造行业。

　　北京酿酒总厂的人员、设备等都是以国营北京酿酒厂为班底，厂址仍位于建国门外八王坟。上级同时把公司的一部分人调到北京酿酒总厂，这其中当然包括酿酒经验丰富的王秋芳。就这样，王秋芳第二次回到了母厂，担任北京酿酒总厂技术科科长。

第十章

矢志不渝——身处逆境不忘初心

第一节　东葡第一任厂长

1965 年底，总厂决定将果酒车间恢复"厂"的建制，定名为北京东郊葡萄酒厂（以下简称"东葡"）。1966 年 2 月，鉴于王秋芳参与了东葡的筹建，对酒厂的各方面都比较了解，总厂决定任命她为东葡的首任厂长。

调任东葡的王秋芳兴奋异常，因为她总算可以不过问其他琐事，专心致志地酿造美酒了。她也立志要在东葡大展宏图，将自己亲自参与筹建的酒厂做大做强，为中国葡萄酒的发展贡献自己的力量。可数月之后，一场"风暴"席卷中国内地，给了想要大展宏图的王秋芳当头一棒。

第二节　功臣成了"走资派"

1966 年 6 月，全国范围的"文化大革命"运动爆发。

6月6日，身为厂长的王秋芳第一个被拉下了马，被污蔑成了"走资本主义道路当权派"。

"实际上来讲，我刚当了几个月厂长，就被拉下去了。"虽然时隔四十多年，王秋芳再次回忆当年时，仍会对"文化大革命"所带来的破坏感到惋惜和愤慨，"我从1949年建厂开始就有笔记本，每天记日记、记大事，或者记一些日常工作记录，记了很多。'文化大革命'的时候让我下放劳动，这些东西全让他们给毁了！太可惜了！你说我要是能提前知道，不把东西搁到办公桌上就好了，唉！"

下放劳动的王秋芳，被迫干起了笨重的体力劳动。扫马路、清理厕所、刷酒桶、打蜡、化糖，基本上酒厂里所有的脏活累活都让她干了个遍。但是不管活再脏再累，王秋芳也从来不糊弄。她就像对待酿酒一样，专心致志、一心一意。

当时，葡萄酒的发酵池内壁要进行打蜡，以防止高酸度的葡萄酒腐蚀洋灰内壁。打蜡的时候人要钻到池子里，先把蜡涂到内壁，然后用喷灯烤，把蜡烤进内壁。这个活干起来很累很苦，因为池子里温度很高，干一会儿就会大汗淋漓，而且烤蜡还不能着急，需要一点点烤，要有很大的耐心。王秋芳就经常被安排做这项工作。别人烫蜡时都觉得又热又闷，只想迅速烤完后赶紧逃离池底，王秋芳却是一丝不苟地烫好每一寸蜡，直到内壁上看不出任何瑕疵，才满意地从池底爬出来。

葡萄酒车间里还有一项工作更加耗费体力，而且更加危险，那就是化糖。化糖需要先把200斤的糖袋子捆好，通过小手起重机吊到化糖锅旁的台子上，再把糖从袋子中倒入锅里。全部工序都要由一个人来完成，男人干起来尚且吃力，更不要说作为女同志的王秋芳。同组的一位工人看不下去了，想要帮助王秋芳一把，但被她婉言谢绝。

有时"造反派"还会给王秋芳"加码"，安排她去刷厕所。夏天的厕所又脏又臭，一般人肯定不会想在里边多待一分钟，但王秋芳却很认真地尽力去擦掉每一块污渍。每当她刷厕所的时候，都会随身带一把小刀，遇到难解决的污渍便蹲在地上拿刀"揭哧"。有位老工人见状，说道："您别那么仔细了，随便擦擦就行了，一个厕所干吗弄那么干净啊。"王秋芳听后，只是抬头笑了笑，而后又低下头继续专注地解决污渍去了。

"刷厕所这种工作就不说了，就说车间里头哪个工序的活，我都干过。"回忆起四十多年前，王秋芳打趣道，"但是以后啊，再说烤蜡合格不合格，我都能说出来，因为我有实践经验啊。"

▲东郊葡萄酒厂地下酒窖刷酒桶的场景

第三节　没那么容易被击垮

对于高强度的体力工作，王秋芳选择了咬紧牙关，默默承受。但对她来说，真正让她感到难以接受的，是"造反派"对她的侮辱和心理上的折磨。

一个夏天，"造反派"安排王秋芳扫厂内的马路。王秋芳本想早点起来，趁着天凉快能少出些汗。结果造反派不同意，坚持让她 10 点以后开始扫。当天烈日当头，大马路上没有一点阴凉，不要说干活，就是在马路上站一会儿便会满身流汗。有位老工人偷着扔给她一个破草帽，说："破是破点，戴上，遮点太阳。"

为什么老工人要偷偷地给王秋芳草帽呢？因为在"文革"时期，不要说同情"走资派"了，就是同他们说句话，被"造反派"看到也是大罪！

这时几个"造反派"经过，看见王秋芳戴着草帽，便从路边随手捡了根大树枝，"啪"一下把帽子给撩掉了，还嘲讽道："你倒好啊，还挺有资产阶级情调，还知道戴草帽。"

挨批斗更是那时候的"家常便饭"。被当众宣判那些莫须有的罪名，对一个要强的人来说是一种很大的侮辱与折磨。但对于这些，王秋芳都选择了咬紧牙关，默默承受。

在那个时期，许多心理强大的人都不堪折磨与侮辱，纷纷败下阵来：有些人濒临崩溃，从此之后惶惶度日；有些人则万念俱灰，选择了投河投井。

王秋芳与这些人都不同，她的选择是"心胸开阔，承受一切"。

曾有人问："'文革'期间如此艰辛，是什么支撑着您坚持下去？"

王秋芳答道："心胸开阔，承受一切。这就是我的'秘诀'。受这么大的冲击和挫折，是我参加工作后的第一次。我虽然特别痛苦也特别迷惑，可是没有破罐破摔。酿造美酒的理想又一次支撑了我。"

第四节　重返科研岗位

功夫不负有心人，"造反派"们逐渐发现：王秋芳虽然是"走资派"，但是干起活来一点儿也不含糊。在对她进行详细的调查后，也没发现有什么政治污点。于是就把她"提升"了一些，让她做洗瓶装瓶工。又过了一阵，"造反派"们对她逐渐有了一些信任，便让她到配酒组工作。

▲ 20世纪60年代，东郊葡萄酒厂洗瓶工人劳动场景

配酒事关产品的口感质量与健康安全，是厂中最关键的岗位之一，只有技术过硬且思想品德端正的工人才能出任。

配酒组的主要工作是按照配方进行组酒，而当初酒的配方绝大多数都是王秋芳亲自计算并拟定的，因此这个工作她干起来非常得心应手。但是王秋芳不满足于此，她认为配酒组不单应该了解如何操作配酒，更应该了解配方的计算方法，让工人知其然也之其所以然。于是，她撰写了《高档酒配方算法》和《普通酒勾调计算公式》，供配酒工人们学习。就这样，在王秋芳的指导下配酒组的工人们逐渐清楚了配方的计算方法。工人们高兴之余，也不忘感谢王秋芳："过去让我们加多少就加多少，怎么算出来的也不懂，至于为什么这么加我们也不知道。现在按照您这个简易的计算方法，不管是普通酒还是高级酒，我们都能掌握了！"

但每当上大夜班的时候，王秋芳还是需要绷起神经。所谓大夜班就是夜里10点上班，早上6点下班，值班工人的任务是操纵酒泵将配好的酒通过管道打到储酒工房进行储存。在机器启动后，工人需要在二层楼高的储酒池口旁边站着，在池子快要满的时候及时跑到下面停泵就可以了。

▲ 20 世纪 60 年代，王秋芳下放劳动的配酒车间

　　但为什么她还要如此紧张呢？这与她的"走资派"身份有很大的关系：每次王秋芳在池子口旁停泵时，总怕机器失灵。如果失灵无法及时停泵，酒就会满溢而出。平常工人遇到这种事还好，批评批评也就过去了，但王秋芳是"走资派"，是"造反派"重点"照顾"的对象。酒溢出了就是损失，这在"造反派"看来那就是资本主义当权派有意破坏社会主义国家财产。这可不是批评批评这么简单，王秋芳就是再有理也说不清！因此，每到停泵这个环节的时候，王秋芳精神都高度紧张，跑上跑下，生怕出事。不过好在设备还算靠谱，在王秋芳值班的时候从来没有出现过失灵的情况。

　　虽然工作依然辛苦，但王秋芳却十分怀念在配酒组的这段时间。因为在这里，工人们非但不把她当作"阶级敌人"对待，还对她非常热情，这与"造反派"对她的态度简直天差地别。工人们在工作上很认真，彼此之间也能相互帮助，这又与"文革"中的一片混乱形成鲜明对比。

▲王秋芳下放劳动的配酒车间内景

王秋芳曾对人回忆说："在配酒组，我们相处得十分和谐，那段时间我总觉得其实当工人真不错，心里没负担。而且干完活以后，大家坐一起休息聊天，哎呀，那种心情是很难形容的，确实是非常好。"

时光荏苒，转眼间到了"文化大革命"的后期，社会秩序已经逐渐恢复稳定，东郊葡萄酒厂也恢复了往日的生机，开始积极筹备新产品的试制。王秋芳作为老技术骨干，自然重新受到了重用。组织上把她从配酒组调到了新产品实验组，这样一来，她总算是正式地回归科研岗位了。得知此消息的王秋芳欣喜异常，数年的委屈、劳累也由此烟消云散，她终于得以重返科研一线，终于得以继续酿造美酒。

在新产品实验组，王秋芳主要负责的第一件事便是带队考察。在王秋芳的带领下，新产品实验组对数家葡萄酒厂、香料厂，以及其他相关企业进行了参观考察。从南方的浙江、上海，到华北的山东，再到东北的黑龙江、辽宁，他们都走了个遍。

考察结束后，众人选择了灵芝葡萄酒这个课题，开始了实验。众人在王秋芳的带领下一路披荆斩棘，先后攻克了灵芝的培养、提取，灵芝和葡萄酒的调配等科研难关，最终十分顺利地将北京灵芝酒试制成功。

▲由王秋芳研制的北京灵芝酒

北京灵芝酒的研发可谓取得了巨大成功。经北大医院的临床验证，它对哮喘以及肺部小疾病的治疗效果很好，有很大的医疗、保健价值。

紧接着，王秋芳又带领小组开始了优质白兰地和威士忌的研究。这是由于当时国内的白兰地和威士忌产品与国外特别是与法国的有些差距，因此轻工业部下达了科研项目"优质白兰地和威士忌的研究"，并指派由北京东郊葡萄酒厂与轻工业部研究所合作完成。这个项目虽说难度很大，但王秋芳等人却信心满满，都努力向着"人头马 VSOP"级的目标使劲。

世界顶级的白兰地酒对橡木桶的选用都十分讲究，而白兰地酒的诞生也与橡木桶息息相关。1701 年，欧洲大部分国家卷入的"西班牙王位继承战争"爆发。相传，在此期间受到战争的影响，法国商人的葡萄蒸馏酒销量大跌，大量存货不得不存放于橡木桶中。战争过后，当人们取酒时，发现储存于橡木桶中的葡萄蒸馏酒的酒质实在妙不可言，香醇可口，芳香浓郁，色泽更是晶莹剔透，犹如琥珀般的金黄色高贵典雅，就把它命名为白兰地。自此，也就产生了白兰地的生产工艺——发酵、蒸馏、储藏，为白兰地发展奠定了基础。后人研究发现橡木桶有奇特功效，因为橡木本身含"单宁酸"，在与酒的接触中可快速催酒成熟，短时间内使酒变得更加香醇，且让酒的颜色更接近琥珀色。橡木对于白兰地质量的提升程度可见一斑。

因此想要提高国产白兰地的质量，橡木的选用是重中之重。实验组与吉林师大地理系泥炭沼泽研究室进行合作，以进口法国白兰地木桶与国产橡木材对比，并对进口法国白兰地木桶做了木材定名鉴定，调研并提出近似法国桶材的我国资源分布情况。经过实验层层筛选，最后确定选取了东北的橡木来制作橡木桶。

选用的橡木确定之后，新的问题又出现了。如果按照传统的方法将橡木制成橡木桶来储酒，制作起来耗时耗力，且因为橡木桶与酒的接触面积有限，想要得到优质的白兰地就得经过很长时间的储存。经过数日的开会研讨，小组决定把橡木制成小木片浸泡在酒中。从理论上来说，这既省时省力，又可增加与酒的接触面积，缩短了存储周期。

实践是检验真理的唯一标准，小组成员开始了新一轮的实验。他们在酒中添加经处理后的橡木屑、橡木片和橡木条，增加橡木与酒的接触面积。实验结果与实验小组的想法如出一辙，这种新方法可以又快又好地生产白兰地酒。一般来说，"VSOP"级别的高级白兰地需要经25年的长时间存储，而这种方法生产出的白兰地只需3～5年的存储，即可达到该级别。

经轻工业部认定，试制出的新产品质量接近"可雅""VSOP级"的水平，可与一些国际顶尖的白兰地产品相媲美。

这样，优质白兰地酒的研制圆满成功。但正在王秋芳沉浸于科研之时，一纸调令让她重回总厂技术科，这也正式结束了她下放劳动的生涯。

王秋芳后来回忆起下放劳动时曾笑着说："在下放劳动中，我处处留心，事事在意，一点一滴地把工艺操作摸了个透。而且我深深地体会到了理论与实践相结合的重要性，比如在配酒组的时候，过去我是在办公室写，现在我是亲手制作，自身的技艺又得到了提升。"

孟子曰：故天将降大任于是人也，必先苦其心志，劳其筋骨，饿其体肤，空乏其身，行拂乱其所为，所以动心忍性，曾益其所不能。

坏事变好事，王秋芳在6年零4个月的下放劳动中非但没有被击垮，还在磨难中增长了才干。这为她之后引领北京酒业、助力全国酒业打下了坚实的基础。

第十一章

满腔热情——扶持郊县发展二锅头酒

第一节 重返北京酿酒总厂

优质白兰地试制成功之后，北京酿酒总厂的军代表找到王秋芳谈话，通知结束她劳动改造的生涯，让她回到北京酿酒总厂重任技术科科长。但此时的王秋芳却不太情愿，因为在实验组，她既可以终日"沉迷"于酿酒科研，又可以在繁忙之余无忧无虑地和工人们谈天说地。她对军代表说："我不去，在这儿工作挺好，和工人们一起又能搞科研。"军代表听后脸上有了些愠色，没想到他的提议会遭到拒绝，便命令道："不行，你必须回到酿酒总厂！"王秋芳只能接受调令，因为在那个年代不听从军代表的调令可不行！

当时，北京酿酒总厂对全市酿酒工业进行统一领导和管理，发展北京二锅头酒。总厂下属7个直属厂、5个归口郊县酒厂和北京发酵工业研究所：其中7个直属厂分别是北京酒精厂、北京溶剂厂、北京东郊葡萄酒厂、北京葡萄酒厂、北京啤酒厂、双合盛啤酒厂、北京酿酒总厂机修厂；5个郊县归口厂分别是昌平酒厂、大兴酒厂、顺义杨镇酒厂、牛堡屯酒厂、牛栏山酒厂。作为技术科长的王秋芳负责总厂所属各厂的技术管理。

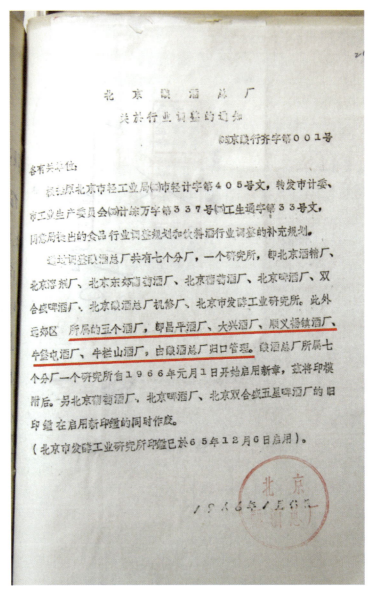

▲ 1966 年，北京酿酒总厂关于行业调整的通知

▲北京酿酒总厂厂门照片

▲北京酿酒总厂厂区内照片

第二节　扶植郊县酒厂生产二锅头酒

王秋芳上任之后，便把工作重心投入二锅头酒的发展中。

过去北京只有红星牌二锅头酒一种，远远满足不了群众的需要。1972
年以前产量不多，每年要拿出 200 吨供各省市作对比样用。另外，每年
"十一""春节"之际，都由外事部门等单位运往我国各驻外使馆，供应
外事机构"共庆佳节"。此外，总厂还需专门给同仁堂生产 67°以上的高
度红星二锅头酒，供应其配制优质的虎骨酒。因此每年仅有几百吨红星二
锅头酒供应首都市场，数量实在不多。

▲ 20 世纪 50 年代北京百货大楼柜台上的红星二锅头酒（选自《北京老酒珍藏》）

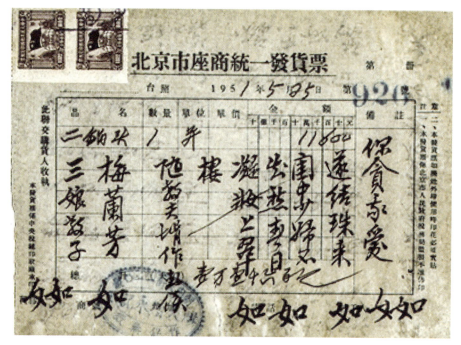

▲ 1951 年红星二锅头的购货发票（选自《北京老酒珍藏》）

这时，北京市政府下达命令：因北京酿酒总厂生产的红星二锅头供应不足，要把二锅头发展到郊区县酿造酒厂，并且要尽量达到红星二锅头的水平，这样才能满足北京市场的供应。这个任务就交给了总厂的技术科。

为了全面提高郊县酒厂的人才素质和酿造知识，王秋芳率领技术科的高景炎等人着手编写二锅头酒酿造讲义。讲义编写完成后，高景炎等人开始下到各郊区厂，为工人们讲课。虽然条件艰苦，交通方面基本没有专车接送；场地方面甚至有的厂子都没有专门的教室，在空地里支起一块黑板就是课堂，但众人却干劲十足，劲头很高。

王秋芳、高景炎等人根据总厂对郊县酒厂实行的"七管两不变""四包四帮"政策开始了对各郊县酒厂的技术扶植。

北京酿酒总厂所属企业一览表

单位名称	地址	电话	电报
北京酿酒总厂	北京东郊建国路	59·3106 1436	0140
北京酒精厂	北京东郊建国路	59·1148	
北京啤酒厂	北京东郊百子湾路28号	77·2240	2842
北京五星啤酒厂	北京广外南手帕口64号	36·3365	3365
东郊葡萄酒厂	北京东郊建国路	59·3077	5515
北京葡萄酒厂	北京八宝山路44号	81·0976	8360
酿酒机修厂	北京东郊建国路	59·1436	
昌平酒厂	北京昌平县昌平西关外	长途118转	
大兴酒厂	北京大兴县黄村	长途118转	
牛栏山酒厂	北京顺义县牛栏山	长途118转	
通县酒厂	北京通县牛堡屯	598·3068转	
杨镇酒厂	北京顺义县杨镇	长途118转	
密云酒厂	北京密云县车智道口	长途118转	
八达岭酒厂	北京延庆县新华营	长途118转	
海淀酒厂	北京海淀区北安河	287·301	
平谷酒厂	北京平谷县岳各庄	长途118转	
朝阳酒厂	北京朝阳区来广营	46·1331转	
房山县交道酒厂	北京房山县交道公社	长途118转	

单位名称	地址	电话	电报
北京糖业烟酒公司	崇文门外东打磨场100号	75·1277 75·0108	1413
玉泉酒厂	北京西山八大处军区酒厂	897·269	
芦沟桥酒厂	北京丰台区北大地总后场	816·454	
永乐店酒厂	北京通县永乐店农场	598·2954转	
长阳酒厂	北京良乡长阳农场四队	长途118转	
西山酒厂	北京海淀区西山农场	287·304转	
怀柔酒厂	北京怀柔县王化村	长途118转	
汤河口酒厂	北京怀柔县汤河口公社	长途118转	

▲ 1980 年，北京酿酒总厂所属企业一览表

"七管两不变"：

"两不变"是指人事、财政两权属不变，仍归区县所有。

"七管"是指：①安排年度生产计划；②安排基建计划；③供应生产、维修和技措等所需物资；④掌握产品质量；⑤武装必要的设备；⑥管理产品价格；⑦管理产品销售。上述 7 项管理权均由北京酿酒总厂行使，总厂负责输出酿酒技术和人才，统筹归口厂所需的粮食、煤炭等物资，统一安排归口厂产品销售，协调各方关系，全方位扶植郊县酒厂生产二锅头酒。

"四包四帮"：

"四包"是指：①负责制定远景发展规划和年、季、月生产计划，综

合统计并考核生产和技术经济指标执行情况；②负责按计划供应原料酒粮、煤炭以及钢材等维修材料；③协同商业部门安排归口厂的产品销售和产品价格的审批；④负责管理生产技术、产品质量、新产品试制、科研和重大技术革新项目。

"四帮"是指：①工艺技术方面，通过办培训班，组织参观学习，帮助归口厂培训生产和分析化验技术骨干，提高各厂生产技术水平，改善产品质量；②区县解决不了的原材料和一般设备，总厂千方百计帮助解决；③组织开展全市酿酒协作组活动，组织参加全国地区协作会议，帮助归口厂提高企业管理水平；④按照"革新、改造、挖潜"的精神，帮助归口厂改造生产技术、设备，发展生产，改善劳动条件。

经过培训，各郊县酒厂按照红星二锅头的工艺操作都生产出了自己的二锅头酒。酒是生产出了，销路却有些问题。王秋芳回忆道："他们的二锅头上市了，有各自的牌子。但是这些酒上市后，老百姓不太认，在各自的郊县卖的还算可以，到了北京市内，老百姓还是认红星二锅头。这样总厂决定二锅头的商标允许所有归口厂使用，郊区厂把它原有的商标全部改为了二锅头商标，总厂可以说很无私地把二锅头商标让出去了。"

1965 年以后，北京酿酒总厂安排各归口管理厂开始生产二锅头酒的时间表

企业名称	投产时间	商标名称
北京昌平酒厂	1965 年	十三陵牌
北京通县酒厂	1967 年	向阳牌
北京大兴酒厂	1977 年	永丰牌
北京顺义县牛栏山酒厂	1971 年	潮白河牌
北京顺义县杨镇酒厂	1977 年	杨镇牌、燕东牌
北京密云县龙凤酒厂	1975 年	密云水库牌、龙凤牌
北京延庆县八达岭酒厂	1975 年	八达岭牌
北京平谷酒厂	1975 年	泃河牌

企业名称	投产时间	商标名称
北京房山县交道酒厂	1979 年	庆丰牌、明华牌
北京永乐店酒厂	1980 年	永乐牌
北京仁和酒厂	1983 年	仁和牌
北京怀柔酒厂	1981 年	雁溪牌、古钟牌
北京怀柔汤河口酒厂	1976 年	汤河口牌
北京朝阳酒厂	1978 年	朝阳牌
北京西山酒厂	1981 年	龙泉牌
北京保林寺酒厂	1981 年	宝泉牌

事实也是如此，各郊县酒厂生产出的二锅头酒比之前的产品有了很大的提升。虽然产品质量相比于红星二锅头仍有些差距，但它们在上市后都受到了本区县百姓的欢迎。昌平县酒厂生产出的十三陵牌二锅头在昌平十分畅销；通县酒厂生产出的向阳牌二锅头在通县销路较好；顺义县牛栏山酒厂生产出的潮白河牌二锅头在顺义县卖得不错。当然到了北京市内，老百姓还是只认红星二锅头。

王秋芳、高景炎等人在这个时期跑遍北京各个郊区县，为各酒厂骨干培训、上课，手把手传授技术。因此到现在，北京不少酒厂的高层、技术骨干，见了他们都要尊称一声"师傅"。

第三节　提升二锅头产品质量

在帮助各郊县酒厂生产出二锅头酒后，为保证二锅头酒的质量稳定，王秋芳、高景炎等人设立了流动红旗制度：每个月对各郊区县产品进行一次评酒，排名次，对质量最好的厂子颁发流动红旗。在荣誉感的驱使下，各郊县酒厂都努力提高自己的产品质量，这样使得整个北京市的二锅头酒质量都提高了。

▲ 1949 年至 1965 年，北京二锅头酒只有红星。1995 年，红星二锅头酒被评为北京名牌产品。1965 年至 1980 年北京各郊区县先后生产不同品牌的二锅头酒 14 种

▲各区县酒厂出产的二锅头酒

北 京 酿 酒 总 厂

关于1965年第四季度产品质量查评比鉴定通报

(65)京联检周字第010号

东郊葡萄酒厂、北京啤酒厂、北京酒精厂、北京啤酒厂、双合盛啤酒厂
大兴酒厂、牛栏山酒厂、顺义牛栏山酒厂、廊义福特牌酒厂、昌平酒厂:

四季度产品质量鉴定工作于12月20号至12月23日结束了
这次鉴定办法和三季度相同,主要检查了全年技术先规划、产品质量
升级规划完成情况,通过四季度产品质量的鉴定,总的是稳定逐步提
高规划基本完成。现将鉴定结果分述如下:

一、本季度共鉴定了37种产品(包括规划产品28种),其中
一类27种,占72.97%,二类6种,占16.21%,三类1种占
2.7%,未定级3种占8.12%。

与去年同期对比,可比产品21种,其中提高的2种占9.53%
稳定的15种占71.43%,下降4种占19.04%。提高的产品是
东郊葡萄酒厂高级改玫瑰香,北京葡萄酒厂6302优级通葡酒,下降
的产品有昌平二锅头酒、大兴薯干酒,东郊葡萄酒厂青梅酒、北京葡
萄酒厂白荷梅酒。

质量升级规划产品31种,实际鉴定了28种,完成规划的23
种占80.65%,未完成规划的有5种占19.35%。未完成规划的
有一类升为优质的北京二锅头,二类升一类的五星熟啤酒,大兴、槽

——1——

▲北京酿酒总厂1965年第四季度产品质量评比鉴定通报

　　王秋芳、高景炎等人在郊县酒厂发展二锅头生产取得了很大成效,也得到了北京市的认可。他们借此机会向市里提出:要想达到更高水平,就要对郊县酒厂进行技术改造。

　　接下来,王秋芳等人便开始为各厂申请技术改造资金和政策支持。昌平县酒厂、大兴县酒厂、顺义县牛栏山酒厂、通县酒厂等,都是在那一时期由王秋芳等人申请的技术改造。当时技术改造的资金,一种是以无息贷款的形式,等同于是北京市拨款;还有一种资金形式是贴息贷款,就是稍微有一些利息的贷款。

　　资金到位、政策支持,接下来便是开工。在技改实行的过程中,总厂的技术科、计划科、设备科,三个科室在王秋芳的领导下,共同设计方案、共同实施、共同监督工程。几年下来,改造工程颇有成效,总改造面积达到了四五千平方米,共耗资约4000万元(相当于现在的约10.2亿元)。这让各郊县酒厂进一步扩大产能,推动了北京酿酒行业的长足发展。

第十二章

再接再厉——组织研发多香型白酒

　　二锅头酒的遍地开花，基本满足了北京百姓对一般酒类的需求。北京市紧接着下达指令：北京市是首都，白酒不能只有二锅头酒，还要开发一些其他香型的白酒。这与王秋芳、周恒刚、高景炎等专家们的想法不谋而合。

　　研发京产多香型白酒的重任便又交给了技术科。王秋芳回忆："当时的北京市确实是没有什么其他的白酒，就只有二锅头，产量是上去了，但品种都是一般大路货产品，于是我们就开始了其他香型白酒的实验。"

▲王秋芳（中）、高景炎（左一）、任可达（右一）在品尝酒样

1974 年，第一个试点在昌平县酒厂展开。众人决定采取麸曲的方法，生产麸曲酱香型白酒。王秋芳紧接着邀请周恒刚工程师参与试制项目，并与昌平县酒厂的郝忠工程师、王文秀工程师等带队去东北进行考察，研究麸曲酱香型白酒如何上马。同时，周恒刚工程师组织人马成立试点小组，准备在昌平县酒厂开始实验。王秋芳曾回忆，当时昌平试点的科研任务还是很艰巨的："昌平县酒厂的麸曲酱香试点是继茅台试点的第二个对酱香型白酒的研究试点。因此想要研制成功麸曲酱香型白酒，需要先找出酱香的主体香。抓住主体香，就能找到生香的基理，才能最终成功。"

那段时间，王秋芳等人几乎每天泡在昌平县酒厂做实验。那时没有专车，她和周恒刚工程师总是在德胜门碰面，然后坐公交车去昌平，下了公交车后要走一段才到昌平县酒厂，晚上工作完后还要坐公交车回去。昌平县酒厂的郝忠工程师备受感动："哎呦，这也太够呛了！白天做一天实验，晚上还回去。我就是去哪儿磕头去，也得要一辆车来！"后来上级批给了昌平县酒厂一辆吉普车，郝忠便每天派人接送王秋芳等人。

王秋芳曾回忆道："那段工作太困难了，每天接送我们也不容易。但是感觉到如果能在酱香型上有所突破，那不仅仅昌平县酒厂受益，全国的酱香型酒厂也会受益啊。"

经过众人的不懈努力，新产品终于试制成功了。酒名还是周恒刚工程师起的：因为古代春字代表酒的意思，北京又地处燕山即燕岭，所以便叫作燕岭春。燕岭春上市后受到了北京百姓的热烈欢迎，销售情况非常不错。

昌平县酒厂的实验成功，让大家心里都有了底。紧接着，王秋芳等人先后扶持大兴县酒厂学习五粮液工艺，试制成功了醉流霞；通县酒厂学习凌川酒工艺，试制成功了通州老窖。

而后，王秋芳等人开始帮助顺义县牛栏山酒厂试制浓香型白酒。在北京市糖业烟酒公司王书田经理的支持下，牛栏山酒厂的工程师们数次到泸州老窖酒厂学习，还把泸州老窖的窖泥带回来进行浓香型发酵。最终，在王秋芳等人的帮助下，牛栏山酒厂的北京大曲酒试制成功，而后又提升成为北京特曲酒。

　　这样一来，在王秋芳等人的指导和全市厂家的共同努力下，北京市有了各香型的地产白酒：酱香型有了昌平的燕岭春酒、华都酒；浓香型有了牛栏山的北京大曲酒、北京特曲酒和大兴的醉流霞酒；兼香型有了通县的通州老窖酒。这些产品丰富了首都市场，对北京白酒的多元化发展起到了重大作用。时任轻工业部烟酒管理局局长的耿兆麟听闻后也不禁赞许道："没有想到北京市默默地搞出这么多香型的白酒啊！"

第十三章

开放交流——积极运作华北协作组

20 世纪的七八十年代，王秋芳在引领北京酒行业快速发展的同时，还积极促进华北区五省市的白酒技术合作。

1973 年，刚刚结束下放劳动生涯、调任北京酿酒总厂的王秋芳，受组织委派就任华北区白酒技术协作组（以下简称"华北协作组"）秘书长。

华北协作组成立于 1964 年。它是按照轻工业部的要求，由山西、河北、内蒙古、天津、北京五个省市的数家大中型白酒厂组建而成的。协作组每年都组织各厂进行为期四五天的会议，各厂都在这几天里毫无保留地交流技术、组织评酒。

但华北协作组在"文革"期间几近停滞，它重新恢复活力得益于王秋芳等人的积极号召。

华北协作组对行业发展的贡献主要体现在以下两方面。

第一是在新工艺白酒方面。王秋芳曾在华北协作组会议上积极倡导发展新工艺白酒，利用"一步法"工艺像生产酒精那样把白酒生产出来，这将会是白酒生产的一次彻底改革。

"一步法"项目正式启动后，科研人员受到广西三花酒的启发，进行了液态发酵、液态蒸馏，但生产出的产品质量却不甚理想，白酒的风格有所变化。因此，"一步法"的实验由于受微生物、工艺、设备等诸多技术限制没有成功。

▲王秋芳与高景炎指导酒厂生产

"一步法"的失败并没有让众人气馁，华北协作组在经过研究后，决定推广北京酿酒总厂龚文昌工程师主持研发的"两步法"白酒。它是受到董酒"串香工艺"的启发，在龚文昌工程师的主持下，由田宗相负责工艺、高景炎负责化验，共同研发成功的。

▲龚文昌（二排左三）、王秋芳（二排左四）等人的合照

所谓"两步法"是先生产出酒精，再用酒精与酒糟或酒醅串蒸。串蒸时酒精在底锅，酒醅或酒糟在上锅，分成上下两层共同蒸馏。这样生产出的酒味道要比"一步法"更接近白酒的风格，而且相较于传统白酒，生产更加节粮，酒中的杂质更少。

▲我国新工艺白酒的发明者龚文昌（一排右五）

▲龚文昌（中）、高景炎（右二）等人的合影

经过华北协作组的推广，"两步法"逐渐成为"新工艺白酒"的工艺之一。这种更加节粮、生产出的酒杂质更少的工艺，是白酒酿造史上的一大变革。

华北协作组对行业发展的贡献，第二是在白酒生产机械化方面。

早在 1949 年，王秋芳就曾参与过实验厂对酿酒机械化的研究，并取得了不小的成绩，刮板出池机、扬糟机、机械甑盖等设备都是她和刘震等人研制出来的。

▲应用"两步法"生产的红星牌白酒，在当时很受欢迎

20 世纪 70 年代，北京酿酒总厂在王秋芳的带领下又开始积极尝试机械化的新思路——研发"塔式连续蒸馏"设备。该设备仿照酒精蒸馏塔的形式，打破了传统蒸馏白酒的操作方式，顶部连续进料，底部连续排料，在机械中部持续出酒，可大大提升效率和解放劳动力。

虽是按照酒精蒸馏塔来进行设计，但不同的是，酒精是液态蒸馏，白酒是用固体的酒醅进行蒸馏，因此实现起来很复杂。研发的过程中王秋芳亲自下厂干活，把酒醅从顶部洒下来以后，用拨板拨匀，然后一层一层地进行蒸馏。但由于当时的技术条件所限，导致设备出酒率低、粮食利用率低，实验暂告失败。

此后，通过几代红星人的努力，塔式连续蒸馏设备终于实验成功。王秋芳的尝试，为该设备从理论到机械化、自动化的实现奠定了基础。

不过这是后话了。在当时，王秋芳见"塔式连续蒸馏"行不通，便开始研发"活甑桶"。活甑桶即可以移动的甑桶，在蒸完一甑酒后，机械抓斗抓起甑桶，通过链道移动至固定地点，倾倒完酒糟后，再运回甑桶。活甑桶后来在洋河酒厂、双沟酒厂等都有应用。

1973 年，活甑桶的研发成功使北京酿酒总厂完成了固态法生产白酒的全部机械化。整套机械化设备不论是连贯性还是质量，都比同时期其他酒厂的更加理想。当时《北京日报》曾发表过专题文章《依靠工人群众，加强技术改造》，宣传北京酿酒总厂的成果。

试验成功后，王秋芳不断地为华北地区各酒厂提供新思路、新建议。在她的感召下，华北区各酒厂热情很高，争相为新设备的研发提供场地。

在华北协作组活跃的几十年间，华北区各酒厂通过技术交流，在工艺技术、设备技术等方面都有了很大的进步。

21世纪以来，华北协作组的活动逐渐演变成了现在两年举办一届的"清香类型白酒高峰论坛"，成为中国清香型白酒行业交流、发展的重要纽带。

第十四章

学习先进——成功引入旋转发酵罐

第一节　考察罗马尼亚葡萄酒行业

王秋芳在北京酿酒总厂这段时间里，除了白酒方面的技术管理工作以外，葡萄酒也是她工作的重点。

1982 年，为提高中国葡萄酒行业的整体水平，轻工业部组团赴罗马尼亚进行葡萄酒考察。王秋芳是其中的一员，一同前往的还有西郊葡萄酒厂的厂长姜文巨。

罗马尼亚的葡萄酒质量优异，国际地位颇高。王秋芳等人考察了近 20 天，参观了数家葡萄酒厂。众人在考察过程中，都被其"旋转发酵罐"所吸引。这是一种生产红葡萄酒所用的发酵容器，相比于当时国内普遍应用的洋灰池旋转发酵罐的效率更高，更节省劳动力，生产的葡萄酒质量更好。

王秋芳因此决定要把旋转发酵罐引入国

▲在罗马尼亚考察的王秋芳

内。众人在考察期间就留心观察，画了一些草图，将旋转发酵罐的大致结构画了下来，准备回国实验。

罗马尼亚葡萄酒工业科研及生产管理概况

王 秋 芳

（北京酿酒总厂）

编者按：本文作者去年10月参加轻工业部赴罗马尼亚考察团考察葡萄酒工业生产技术管理情况，通过考察进一步了解了罗马尼亚葡萄酒工业生产概况、葡萄酒行业科研及生产管理体制，这些情况对发展我国葡萄酒的生产是有一定的参考价值的。

罗马尼亚全国土地面积237,500平方公里，人口2,200万左右。位于欧洲巴尔干半岛北部，境内主要山脉为喀尔巴阡山，主要河流为多瑙河，山地平原及高原地区约各占三分之一。属于西欧海洋性气候与东欧大陆性气候的过渡地带，适宜葡萄的种植。

全国现有葡萄基地32万公顷，其中三分之一为生食品种，三分之二为酿酒品种。目前葡萄基地主要是改进品种，改革培植技术，向机械化耕作、科学管理和提高单产的方向发展，而不是扩大种植面积，为了节省劳力（采取冬季不埋土），因此着重研究耐寒产糖高的葡萄品种。

罗马尼亚全国葡萄酒产量近100万吨，其中干酒占80%，甜酒约占20%；产量低于意大利、法国、西班牙、苏联、阿根廷、美国、葡萄牙和南斯拉夫，占世界第九位，葡萄品种及酒类加工技术大多从法国及意大利引进，生产水平比较先进，葡萄酒除内销外，外销约占20%左右，大部分出口到美国、西德、苏联、日本、比利时和瑞典等国家。

罗马尼亚葡萄栽培与葡萄酒生产由农业食品部的园林总局主管，下属专业公司与科学研究院，形成全国自上而下的生产与科研两大管理系统。

一 研究系统

罗马尼亚葡萄栽培与葡萄酒加工研究院，简称ICVV，它负责葡萄酒行业从原料到生产的全部研究工作。

研究院的主要任务是：

1. **葡萄品种的选育**：进行品种改良、育种、繁殖、田间管理和生产遗传等方面的研究；
2. **土壤改良及灌溉**；
3. **农业技术研究**：进行栽培方法、收割方法、机械化作业等方面的研究；
4. **葡萄酒加工技术研究**：各种酒类加工方法及其生化机理的研究；
5. **副产品的综合利用**；

43

▲王秋芳从罗马尼亚考察归来后所写的材料

▲与罗马尼亚技术代表交谈的王秋芳（右二）

第二节　成功提高国产葡萄酒质量

从罗马尼亚回来以后，王秋芳等人按照考察时画下的草图在西郊葡萄酒厂自行设计制作了一个罐子，并在葡萄收获的时候进行了投料实验。他们发现，旋转发酵罐是利用罐体的旋转，使葡萄皮渣均匀混合，起到有效提取色素进行隔氧发酵的作用。它解决了传统开放式发酵使酒易氧化的问题。

王秋芳等向北京市科委汇报了考察情况。市科委据此成立了一个科研项目"干红葡萄酒的工艺改革"，由王秋芳和姜文巨担任负责人。

王秋芳接到项目后，与姜文巨开始了深入实验。实验过程中她每天都要去西郊葡萄酒厂上班，因为投料以后要在现场观察投料情况，而且每隔四小时就要取样分析，比较旋转发酵罐和洋灰池质量变化的差距，做对比实验。不巧的是，偏偏这时王秋芳的痔疮发作了，她只得忍痛爬上爬下。不过好在实验圆满成功，它所产出的产品质量非常不错，比传统的洋灰池发酵在色泽、果香、口味上均有明显的提高。

至此，我国自行设计生产的旋转罐在北京葡萄酒厂正式投入使用。设备运转良好，它产出的干红葡萄酒较传统方法生产的质量有明显的提高，产品荣获轻工业部质量大赛奖。王秋芳、姜文巨主持的"干红葡萄酒的工艺改革"科研项目也获得了北京市的科研三等奖。

之后，全国各地争相效仿。山东烟台张裕公司、上海中国酿酒厂相继完成实验。内蒙古轻工业厅直接引进法国 Vaslin 公司生产的旋转发酵罐。陕西丹凤葡萄酒厂自阿根廷法伯利 (FBAR) 酒业公司引进带搅拌及出渣全套设备的旋转发酵罐。由此形成了国内几种形式的旋转发酵罐，使红葡萄酒生产具备了提高质量的条件。

在实验过程中，王秋芳发现旋转发酵罐和洋灰池发酵指标的测定以酚类化合物的含量为准。随后，她深入研究，以此为题写了一篇论文。同年，为表彰王秋芳对我国葡萄酒行业的突出贡献，北京市政府将她提升为高级工程师。

第十五章

专家评委——连续参加全国评酒会

王秋芳可以说是我国酿酒行业的"活化石"。她是我国第一位国家级女评酒委员，是唯一一位参加过第一届全国评酒会且至今仍健在的专家评委，也是唯一一位连续参加四届评酒会和轻工业部质量大赛的专家评委。

王秋芳在第一届全国评酒会上的经历在上文中已详细表述过。这次的评酒经历让她接触到了全国各地各类型的酒，为她的成长积累了丰富经验。

1963 年，第二届全国评酒会由轻工业部组织，在北京东单的六国饭店举行。第二届全国评酒会的评委们都是由各地推荐而来，王秋芳也在其中。但由于是推荐上来的，评委们最熟悉的都是自家酒厂的产品，因此在评判时都难免夹杂一些主观因素。在白酒组的评比中，主持评比的是一位汾酒厂的老技师。他在评酒过程中对口感上与汾酒相似的都给予了好评，从而导致了茅台等其他香型名酒名次均在第四名之后。这种情况在第三届全国评酒会上得到了调整。

值得一提的是，在第二届全国评酒会上，王秋芳参与研制的中国红葡萄酒、特制白兰地酒双双获得金牌奖，被评为"全国十八大名酒"之一。

特别是上文提到过的根据"冷处理"工艺研发的中国红葡萄酒，曾四次蝉联国家金奖，三次荣获"中国名酒"称号。它的质量可与国际上同类型的高级葡萄酒相媲美。此酒于之后的 1979 年和 1983 年，在第三、第四届全国评酒会上，又连续被评为国家名酒，并荣获国家金质奖。1984 年，在轻工业部酒类质量大赛中又获金杯奖。

▲ 1963 年在第二届全国评酒会上中国红葡萄酒被评为"全国十八大名酒"之一

▲ 1963 年在第二届全国评酒会上特制白兰地酒被评为"全国十八大名酒"之一

1979 年，由轻工业部组织的第三届全国评酒会在大连市举行。有了前车之鉴，此次选择评委的方式是通过考试来选拔。这样的话，只有对各个类型的酒都能清楚认知和识别的人才能成为评委。第三届全国评酒会的另一大进步便是白酒的分组方面。这次评比中根据酒的香型和酒曲的类型进行分组,更加公平公正。

▲ 1979 年王秋芳在大连参加第三届全国评酒会

第三届全国评酒会上,王秋芳作为葡萄酒组评委参与评酒。

20 世纪五六十年代,中国的葡萄酒都是以甜酒为主。由王秋芳主持研发,曾四获国家金奖的中国红葡萄酒便是其中的翘楚。但国际上所流行的、能登大雅之堂的都是不含糖的干型葡萄酒。郭其昌工程师因此在会上提出要与国际接轨,着重研究国际上流行的干型葡萄酒。于是在这次葡萄酒的评比中,王秋芳等评委们对一些国外的干型葡萄酒进行了品评,对其风格、特色有了较深刻的了解。会议结束后,国家专门成立了研究干型葡萄酒的项目,由轻工业部发酵研究所承担,郭其昌工程师牵头,在昌黎酒厂进行实验。后来,成功实验出了国产的干白葡萄酒、干红葡萄酒。

▲郭其昌（左一）与王秋芳（左三）等人的合影

第四届全国评酒会的果露酒评比于 1985 年在山东青岛召开。王秋芳作为专家组组长，全程主持了果露酒的评审。

▲ 1985 年王秋芳担任第四届全国评酒会评审

▲王秋芳在青岛的留影

　　1988 年，中国食品协会组织的第五届全国评酒会于安徽召开，这次评酒会只对白酒进行了评比。由于北京地区没有委派代表参会，因此王秋芳没有参加此次评酒。

　　在历届全国评酒会中，京城名品二锅头虽未被冠以"中国名酒"的称号，但亲历四届全国评酒会的王秋芳认为它是"无冕之王"。她解释道："第一次评酒会评出来的八大名酒，里边没有二锅头的原因是参加评酒会的产品都必须是全国经销，那个时候二锅头还没有经销全国。后来第二届、第三届、第四届、第五届又进行了几次评酒，虽然二锅头名声大但仍未在全国销售。可老百姓都知道这是北京的名酒，谁都知道北京有个二锅头，所以我认为它是'无冕之王'。"

　　五届全国评酒会之后，由于酒类的评比在社会上产生了一些副作用，因此国内一切的酒类评比赛事被明令禁止了，所以一直就没有再进行过评酒。

　　王秋芳曾说："但正是由于存在公平公正的评酒赛事，各酒厂都想在众多酒类中脱颖而出，赢得全国名酒的称号，因而能够在质量研究方面下足功夫。在质量上下功夫，必然要开展科学研究实验，科学研究实验就必然有成果。所以在这段时间里出现了很多技术成果，而且质量有明显提高。"

王秋芳对五届全国评酒会的评价很高："比如说浓香型酒，当时解剖出了浓香型酒的主体香型是己酸乙酯，也对它的生成基理做了很多研究。沈怡方工程师当时研究出可以通过液态培养提高己酸菌的含量：把培养液洒在池子里，或者洒在醅子里，通过促进己酸菌的生长，促使己酸乙酯的生成。这都是通过提高质量开展的科学研究，如搞汾酒试点、搞茅台试点。所以评酒会对白酒质量的改进、香型的确立、科研的开展，应该说起了很大作用。"

除四届全国评酒会外，1984 年由轻工业部组织的酒类质量大赛也是王秋芳参与的重要赛事之一。

轻工业部酒类质量大赛于 1984 年 11 月 15 日至 24 日在北京举行。参加这次比赛的有各省市轻工业系统的酒类产品共五大类 425 个品种，其中，白酒 149 个，黄酒 51 个，萄萄酒、果酒 101 个，啤酒 70 个，露酒 51 个。

在这次评定中，北京酿酒总厂（红星）选送的 23 款酒全部获奖，其中 5 款获得金质奖，获奖总数和获金奖数均名列全国第一。全权负责产品选拔等工作的高景炎、王秋芳首当其功。

王秋芳作为葡萄酒、果露酒组的专家组长，教导评委们评酒工作必须做到"认真负责，公平公正"。她向大家解释道："因为我们每做的一次评定，不是代表你自己，而是对这个产品质量的认可和负责。再说得深一点，就是对人家企业要负责。再进一步，我们行业怎么发展，是要通过推广大家评定出的好产品，把我们行业带动起来。"王秋芳对企业、对行业的责任心不言而喻。

多年的评酒经历，再加上潜心钻研，王秋芳练就了一手品酒的绝活儿。

某酒厂曾开发了一款白酒新产品，但总是不理想又找不到毛病，于是请来王秋芳"会诊"。她端起酒杯，闻了闻酒，又抿了几口，立马说："酒池里的窖泥不行，所以味儿不正香不浓。"有人拿来几块窖泥掰开检查，果然有一股臭味儿。王秋芳告诉他们："这是丁酸味太重了！"她又帮着重新制作了窖泥，新出来的酒果然浓香四溢。

还有一次，北京酿酒总厂请王秋芳到密云龙凤酒厂做产品检测。王秋芳在没有查阅生产流程记录的情况下，只品了品便发现了其中的问题所在："这个酒生产周期不足！"

像这样的事太多了，难怪人们交口称赞：王秋芳品酒一说一个准儿，这功夫神了！

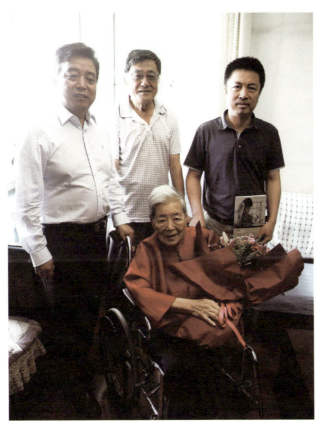

▲ 2018 年 8 月 31 日，一轻公司总经理、红星公司董事长阮忠奎（左）、公司总经理肖卫吾（右）、高景炎（中）至王秋芳家中祝贺其 92 周岁生日并献上《王秋芳传》样书

三次创业篇

参与组建中国酿酒协会，推动中国酒业发展

第十六章

老当益壮——参与组建中国酿酒工业协会

1987 年，61 岁的王秋芳在北京酿酒总厂光荣退休，成为总厂的技术顾问。但她没有从此颐养天年，而是选择继续为酒业鞠躬尽瘁。

她的退休生活少有闲暇时光，请她著书的、审稿的、开会的、讲课的、品酒的、指导的人踏破了门槛，王秋芳一一欣然应邀。她可比上班的人还忙！

吴佩海先生曾回忆，不止一个人对他说过："王秋芳德高望重，我们有事都愿意找她请教。老太太是你们北京酒界的骄傲！"

总厂成立北京饮料开发咨询公司后，又请王秋芳出山，任公司经理。在这几年的时间里，王秋芳与咨询公司的土建工程师、设备工程师们紧密合作，为全国各地许多厂家提供了技术咨询服务，尤其是四川、贵州、广西等地的厂家，受益最大。

20 世纪 80 年代末，国家逐步开始对政府部门进行机构改革，取消行业主管部门，成立行业协会，由行政化管理转向社会化管理。轻工业部由此面临部门改革，其下属的各行政机构的管理职能由新组建的各行业协会代替。其中包括中国酿酒工业协会，即今日中国酒业协会的前身。

▲王秋芳（右三）与高景炎、任可达等人的合影

　　1992 年 6 月 22 日，民政部批准注册中国酿酒工业协会。而后，时任轻工业部副部长的潘蓓蕾指名要三个人参与中国酿酒工业协会的筹备工作，他们是北京酿酒总厂的王秋芳、高景炎和吴佩海。三人主要负责起草成立协会的有关文件、规章制度、领导讲话稿；负责对外联络工作，并组织会议，完成会务工作。

　　1992 年 10 月 3 日，三人乘机赴合肥市后又乘车到达亳州古井酒厂，为召开"中国酿酒工业协会成立大会预备会"做会务准备工作。

　　10 月 8 日至 10 日，预备会议在亳州市古井酒店顺利召开。会议中耿兆林、王延才、肖德润、王秋芳、高景炎等均做了重要发言。与会代表经讨论确定了成立大会的召开时间、协会的管理范围、各项管理规定等。

　　初战告捷，三人又于 11 月乘火车到达山东省泰安市，为大会做会务准备。

　　1992 年 11 月 25 日至 26 日，"中国酿酒工业协会第一次会员代表大会暨成立大会"在泰安市举行。此次会议涉及行业、部门众多，出席的有酒类生产企业、酒类流通企业、农业、酿酒设备制造企业、新闻媒体，出席代表共近300人。

▲协会成立大会预备会全体代表合影。一排左二为王秋芳，四排右五为高景炎，二排左一为吴佩海

这是酿酒行业一次罕见的盛会，可以说是群贤毕至、少长咸集。因此会议中的大小事务都容不得半点马虎，这对承担会务工作的三人来说是个不小的挑战。

这几天里，王秋芳不顾自己年事已高，仍坚持与高景炎、吴佩海一起商量着连夜写稿子。他们开会之前要写材料，会议之后要写总结。特别是高景炎和吴佩海，就没有睡整宿觉的时候，经常一写就是通宵。但特别难能可贵的是，二人写了一宿稿子，只洗个澡便又精神焕发。

三人夜以继日的认真工作换来了成立大会的顺利召开。大会通过了协会《章程》《组织条例》《经费管理办法》以及223个理事单位名单、44

个常务理事（单位）名单。选举耿兆林任中国酿酒工业协会理事长。同时，也确定了王秋芳等三人在协会中的具体职务：高景炎担任协会的秘书长，主持日常工作；王秋芳担任副秘书长，主要负责葡萄酒、果露酒的相关工作；吴佩海担任办公室主任，负责内外通联等工作。

至此，成立大会圆满结束，中国酿酒工业协会正式成立。会后，三人还组织代表游览泰山，使大家进一步领略了"世上无难事，只要肯登攀"的境界。

▲协会部分成员的合照（右三为王秋芳、右四为耿兆林）

第十七章

推陈出新——组织制订露酒新标准

第一节　制订露酒标准

协会成立之后，众人回到北京。他们只在王府井校尉胡同里的总参四所租了几间简陋的办公室，便开始了协会的日常工作。作为葡果酒方面负责人的王秋芳，也马不停蹄地投入了葡萄酒分会和果露酒专业委员会的建立之中。

首先是葡萄酒分会的筹建工作。由于需要全国的葡萄酒厂都参加，因此王秋芳在那一年就一直没闲着，奔波于全国各主要葡萄酒厂之间征求成立相关的意见，并进行理事和委员的选拔。最终葡萄酒分会在烟台顺利成立，王秋芳当选为葡萄酒分会的名誉会长。

接下来便是果露酒专业委员会的建立，该委员会的建立及之后的各项活动是王秋芳在协会任职时期的工作重点。在又一番奔波之后，果露酒专业委员会诞生，由王秋芳担任主任。果露酒行业的生产由此步入正规化管理。

为了进一步规范产品质量，王秋芳首先要做的，便是制定产品质量标准，确定产品定义。为此她组织全国各果露酒厂家的骨干人员成立标准起草小组，调研各种类型产品生产方法，现场取样。经轻工业部发酵研究所监测，综合实测数据，提出了配置酒产品理化指标范围，经全体会员单位讨论通过，1994 年全国标准化委员会批准并同意以"露酒"命名这种类型酒的名称。

第二节　提升我国果露酒产品质量

果露酒专业委员会建立后每年有定期的年会。

年会的主要内容，第一是检查各获奖产品的质量，凡是质量有下降的都通报，质量有提高的会进行表扬。第二是评委们交流品评技巧。第三是各位评委要进行论文的评定。第四是评委的考评。当时的一些洋酒，如白兰地、威士忌、金酒等都归到了果露酒的范围之中。但有很多评委在开始的时候分不清白兰地和威士忌的主要区别，所以评委们也需要定期接受一些培训，提高自己的品评技巧。

▲果露酒专业委员会部分人员的合影（前排右八为王秋芳）

王秋芳回忆说："这种年会各地当时都非常积极，他们都非常主动地要求下次年会在自己的厂子搞。从我担任委员会主任以来，总共进行了 13 次会议。每次会议都会换一个酒厂召开，那时候可以说全国都有好多厂子了，但我数了数我没去过的地方就是西藏了，其他省都去过了。"

除了每年的年会外，王秋芳还到各地果露酒厂进行参观调查，根据酒厂的生产情况提一些很有实际作用的意见。各酒厂因为有了这些意见，进步提升得很快。

王秋芳在引领果露酒行业的几年里，对企业进行考察提升，对评委进行培训提高，所以现在很多老评委都表示很难忘怀当时的一些活动，这对他们的成长受益匪浅。而也正是这些活动助力了全国果露酒行业的发展壮大。

第十八章

育人有方——培养大批酒界人才

王秋芳育人有方，人尽皆知。前文我们讲到过她在担任果露酒专业委员会主任期间，大力培养果露酒专家评委。其实，早在 20 世纪七八十年代，王秋芳就已将人才的培养视为重中之重。

高景炎，中国著名白酒专家，北京白酒业唯一的教授级高级工程师，享受国务院特殊津贴。他于 1939 年出生，1962 年毕业于无锡轻工业学院发酵工程系；曾任北京市人大代表、北京酿酒总厂技术副厂长和厂长、中国酿酒工业协会首任秘书长、北京酿酒协会会长，现任中国食品工业协会白酒专业委员会副会长、白酒专家委员会主任委员，北京二锅头酒传统酿造技艺唯一的国家级代表性传人。

他是王秋芳的高徒之一。他清晰地记得王老对他的每一次教诲。

20 世纪 70 年代，王秋芳任北京酿酒总厂技术科科长的时候，高景炎曾在她麾下任职。记得那年春节之际，王秋芳对技术科职工们说："今天晚上咱们把菜票集中起来，一起买菜，咱们搞个会餐，你们回去每个人也都准备些好菜来。"

到了晚餐时间，大家都到齐后，王秋芳整齐地摆出了总厂生产的各种产品，白葡萄酒、红葡萄酒、白兰地、红玫瑰露、白玫瑰露、橘子酒、青梅酒等应有尽有，随即说了句："大家都喝！"大伙闻言，也都不含糊，推杯换盏，气氛好不快活。结果那天谁都没少喝，但谁也没喝醉。王秋芳不禁竖起大拇指，说："嘿！之前我不知道，原来你们都能喝酒！"

后来大家才了解到王秋芳此举的用意，她是在教导部下：造酒就要懂酒，懂酒就要爱酒，爱酒就要喝酒！

还有一件事情也让高景炎印象深刻。有一阵，他在工作上曲折不断，遇到了不少困难，因此心中总是有一股无名火，想压压不住，想发发不出。王秋芳见状，并没有直接劝导他，更没有批评他，而是给他留了一张纸条："高景炎，德国哲学家康德有一句话，生气就是拿别人的错误来惩罚自己。放平心态，很多东西都需要去忍受。"高景炎阅后，犹如醍醐灌顶。他曾经发自肺腑地对人说道："王老这句话，我至今都很受用！"

王秋芳的另一位高徒，是我国著名的葡萄酒、果露酒专家白镇江。在他的职业生涯中，也得到了王秋芳不少的指导和帮助。

1984年轻工业部酒类质量大赛时，果露酒的评委是从各个行业里选拔出来的。但露酒牵扯的面特别广，酒基有葡萄酒、白酒、黄酒、酒精、仿洋酒等，比较复杂，想全面掌握很困难。比如，从事葡萄酒生产工作的评委，对黄酒、白酒做酒基的果露酒便不甚了解。

▲王秋芳在评酒

对此，王秋芳给大家出了一招："你们成立一个小组，以小组的形式进行活动。大家都广泛接触产品。产品接触得越多，自身提高得就越快，提高得越快就对行业越有好处。"

王秋芳建议以白镇江和孙大勋为正副组长，负责此项工作。从那以后，一直到1993年中国酿酒工业协会果露酒专业委员会成立，基本上每年都在不同地方组织两次例会。评委们齐聚一堂，从基础训练开始，品评酒样、交流经验，在一点一滴的积累中逐渐获得了提高。

王秋芳不仅育人有方，更爱才惜才。记得有一次，高景炎无意中说了一句："晚上想看看书也不行，台灯灯罩不行。"结果第二天王秋芳就从自己家里给他拿了个灯罩。已近耄耋之年的高景炎至今回想起这件事，仍会觉得心头一暖。

▲知识产权出版社副总编辑李启章为王秋芳书写的藏头诗

心路历程篇

两耳不闻闲杂事，一心只想酿好酒

第十九章

不懈奋斗——心胸开阔，承受一切

纵观王秋芳先生的一生，她科学总结二锅头工艺，全力研发国产葡萄酒产品；她鼎力相助北京市各酒厂生产二锅头、发展多香型酒；她积极组织华北区各酒厂交流技术、创新设备；她为.全国酒行业评酒评优、培养专家；她助力全国酒行业协会的建立，主持制定多项产品标准，推动了行业的升级。

可以说不管是在北京市、华北区还是在全国范围的酒行业，她都做出了他人无可替代的贡献。

▲接受《北京酒市》记者采访的王秋芳

有人问王秋芳："您从一个普通的化验员成长为全国闻名的酿酒专家，从个人素质看靠的是什么？"

她答道："心胸开阔，承受一切。这就是我的'秘诀'。一个人特别是女人，在工作和生活中总会有许多难事、烦事、伤心事，但选择的理想不能轻易放弃，认定的目标一定要坚持到底。碰到困难时要顶住，遭到挫折时要挺住，受到误解时要承受得住。'两耳不闻闲杂事，一心只想酿好酒'就是我的座右铭。"

无须多言，王秋芳的话令人感动，也给人以启迪。只有能够承受一切、永远奋斗的人才能获得成功。

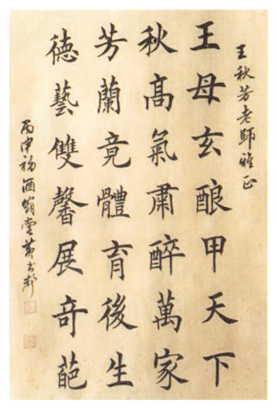

▲酒界人士为王秋芳题写的藏头诗

第二十章

抓住机遇——让人生出彩

王秋芳先生教导我们努力奋斗，也要抓住机遇："北京红星的筹组、东郊葡萄酒厂的筹组，再加上中国酒业协会的筹组。三次筹组工作，对自己应该说是在工作能力上、工作经验上和各方面来讲，都有很大的提高。这都是机遇，当然机遇的前提是你能承担这项工作，我不是什么专业大学毕业生，但是我非常注意工作的积累，注意自学。不然轻工业部潘蓓蕾副部长也不会指名让我参与中国酿酒工业协会的筹组。"

她还注重知识的积累和自学，这与荀子的"不积跬步，无以至千里；不积小流，无以成江海"有异曲同工之妙。21世纪初，那场震动了中国白酒业的"甑流"风波，就是因为博览群书的王秋芳"一句话"得以平息，她用实际行动证明了积累、自学的重要性。

当时，某公司将行业通用名称"甑流"注册了商标，而后以侵犯其"合法权益"为由，陆续将北京多家大中型白酒厂告上法庭，并要求索赔共计上千万元。如果该公司胜诉，对于北京酒业的冲击可想而知。北京酿酒协会对此也高度重视。

众酒厂想要打赢这场官司，就需要证明"甑流"是行业的通用名称。但令人头疼的是当时虽然查阅了大量资料，但都没有"甑流"相关的记载。

"大家都知道甑流是行业的通用名称，可为什么连一本有相关记载的书籍也找不到啊！"业内人士颇感困惑。

就在此时，协会人员想到了王秋芳。"王老博览群书，或许她会知道！"怀着无限希望拨通了王秋芳家的电话，表明了情况，又汇报了案件的进展后，王秋芳脱口而出："我记得有一本《北京市志稿》，这里边有甑流的记载，但可惜的是这书我这里没有，你们得去找一找。"

▲《北京市志稿》

众人闻言，如获至宝，马上便派人到了国家图书馆找到了《北京市志稿》。果不其然，其中有"烧锅自造酒成，名曰净流，味醇易醉，必兑水乃可充普通饮料"的记载。"净流""甑流"虽文字不同，但读音、含义却相同。

在铁证面前，法院依照相关的法律条文，判定"甑流""甑馏"的行业俗称为"通用名称"，判决众被告酒厂胜诉。

对此，业内人士也无不感叹："王老博闻强识，一句话就值上千万！"

第二十一章

专心致志——一生不离酿酒业

2004 年，中国酿酒工业协会授予王秋芳先生"全国酿酒行业特殊贡献奖"。2017 年，北京酿酒协会授予王秋芳"北京酒业领军人物"称号。

这两项殊荣是对王秋芳先生传奇一生的最好总结：她这一生就是为酿酒行业做贡献的一生。她从技术岗位最基层的化验员做起，一步一步做到技术管理工作，后来又做技术领导工作。尽管职务上不断地改变，但是她从没离开过酒，一直都在酒行业。

"现在的人不是都讲究跳槽吗，我那会儿就一棵树上吊死，就在这一辈子搞酒。"王秋芳打趣道，"所以不管你的职务是在哪个等级上，只要专心致志地干，就能干出成绩。而且干得时间长了以后，很自然地就产生感情，这种感情很不容易割舍。我现在虽然身体不好，不能到处去，但是我还能看东西。另外一个呢，我写作的速度是慢了，但是我还不愿意搁下笔。"

创业三次，传奇一生，她就是这样一位"心怀梦想，勇敢前行"的创业者和奋斗者。

在笔者最近随公司的一次拜访中，92 岁高龄的她仍不忘嘱托青年一代的红星人不忘艰苦奋斗，努力创新。我们衷心地祝愿王秋芳先生永远健康、平安！

附录 A　王秋芳个人年谱

1926 年 8 月 31 日，生于北京。

1946 年 2 月，于北平市卫生实验所从事酒类、调味品类分析检测工作。

1949 年 2 月，于华北税务总局生产处工作。

1949 年 5 月，为华北京酒业专卖公司实验厂建厂筹备组成员、研究室研究员。

1954 年 1 月，第一次离开母厂红星，调往中央轻工业部烟酒工业管理局研究室，任研究员。

1956 年 10 月，回到母厂红星，于北京酿酒厂研究室工作。

1955 年 3 月，为北京东郊葡萄酒厂筹建组成员，车间技术员。

1961 年 2 月，第二次离开母厂，任北京市食品酿造工业公司技术科科长。

1965 年 8 月，回到母厂，为北京酿酒总厂技术科科长。

1966 年 2 月，第三次离开母厂，任北京东郊葡萄酒厂厂长。

1966 年 6 月，"文化大革命"下放生产劳动。

1972 年 12 月，回到母厂（南院），任北京酿酒总厂技术科科长。

1979 年 3 月，为北京酿酒总厂技术副厂长。

1985年1月，为北京饮料开发咨询公司经理。

1987年4月，退休；为北京酿酒厂顾问。

1992年4月，为中国酿酒工业协会筹备组成员、中国酿酒工业协会副秘书长。

1993年11月6日，为中国酿酒工业协会果露酒专业委员会主任。

1994年11月11日，为中国酿酒工业协会葡萄酒分会名誉会长。

1997年8月，为中国酿酒工业协会高级顾问。

第一届（1952年）、第二届（1963年）、第三届（1979年）全国评酒会评酒委员。

第四届全国评酒会（1985年）果露酒专家组组长。

1988年，主编轻工业部统编中技教材《葡萄酒生产工艺》。

1999年，主编《白兰地 威士忌 俄得克资料汇编》。

曾为朝阳区人大代表。

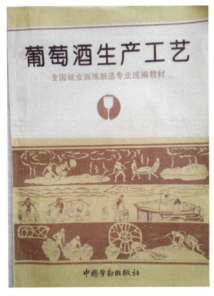

▲王秋芳主编的《葡萄酒生产工艺》和《白兰地 威士忌 俄得克资料汇编》

附录 B 王秋芳获奖简述

1989 年当选为全国优秀女企业家。

1993 年起享受国务院工程技术特殊贡献津贴。

2004 年获全国酿酒行业特殊贡献奖。

2017 年获北京酿酒行业领军人物奖。

1988 年，主编的轻工业部统编中技教材《葡萄酒生产工艺》获北京市自编教材一等奖。

1985 年，主持项目"干红葡萄酒的工艺改革"获北京市科技进步三等奖，生产的干红葡萄酒获全国轻工业优秀新产品一等奖。

附录 C　王秋芳文稿目录选登

序号	文稿题目 / 著作名称	刊物名称 / 出版单位	发表时间 / 出版时间
1	葡萄酒工业的欣欣向荣局面	黑龙江发酵	1980 年 8 月 28 日
2	白葡萄酒生产工艺改革的趋向	黑龙江发酵	1981 年 8 月 29 日
3	罗马尼亚葡萄酒工业科研及生产管理概况	酿酒 / 葡萄科技	1983 年 5 月 1 日 /1983 年 10 月 1 日
4	罗马尼亚白葡萄酒生产情况	酿酒	1983 年 6 月 30 日
5	斯特凡列什蒂葡萄栽培及葡萄酒加工研究站	酿酒科技	1983 年 8 月 29 日
6	关于葡萄酒的感官与降酸——兼谈罗马尼亚的苹果酸—乳酸发酵	酿酒科技	1984 年 6 月 29 日
7	神州大地葡酒香 (上) ——葡萄酒光辉的三十五年	酿酒科技	1984 年 8 月 28 日
8	神州大地葡酒香 (下) ——葡萄酒光辉的三十五年	酿酒科技	1985 年 3 月 2 日
9	精湛的露酒产品——轻工业部酒类大赛露酒纪实	酿酒科技	1985 年 5 月 1 日
10	开发野生植物资源酿酒——记全国沙棘产品质量评议会	酿酒	1986 年 12 月 27 日
11	关于酸枣汁的澄清：答涿鹿酒厂问	酿酒科技	1989 年 5 月 1 日
12	葡果酒行业十年改革的科技成果——建国四十周年专稿	酿酒科技	1989 年 6 月 30 日
13	露酒加工技术及其发展小议	酿酒	1989 年 10 月 28 日
14	丝绸古路上的吐鲁番葡萄酒厂	酿酒	1990 年 5 月 1 日
15	低度白酒生产技术的研究（与任可达、聂玉芬合著）	酿酒	1990 年 6 月 30 日
16	蜂皇黑米酒实验报告（与聂玉芬、李晓非、张锴、王忠臣合著）	酿酒	1992 年 6 月 29 日
17	大力发扬我国传统的露酒生产	食品工业	1994 年 8 月 15 日

序号	文稿题目 / 著作名称	刊物名称 / 出版单位	发表时间 / 出版时间
18	露酒新葩载誉中华——1994 年度全国果露酒行业产品质量检评及颁奖大会	酿酒	1994 年 11 月 20 日
19	白兰地风格特点及其形成原因探析	食品工业	1995 年 8 月 15 日
20	全国果露酒新评委考核揭晓	酿酒	1996 年 3 月 20 日
21	改变烈性酒结构，大力倡导生产以水果资源为原料的蒸馏酒——白兰地	酿酒	1996 年 5 月 20 日
22	果酒飘香进万家	中国酒	1996 年 6 月 15 日
23	全国葡萄酒发展生产、开拓市场研讨会在京召开	酿酒	1996 年 7 月 20 日
24	全国果露酒新评委考核揭晓	食品工业	1996 年 8 月 15 日
25	利用资源优势，发展以果代粮酿酒	酿酒	1997 年 5 月 20 日
26	发展葡萄酒要立足国产品牌	中国酒	1997 年 6 月 15 日
27	保持葡萄酒的固有风格	中国酒	1997 年 8 月 15 日
28	露酒生产的历史及其现状	中国酒	1997 年 12 月 15 日
29	露酒行业现状及发展趋势	酿酒	1998 年 1 月 20 日
30	顺应葡萄酒行业发展，积极推广葡萄酒活性干酵母——在"'97 全国酵母技术交流会"上的讲话	酿酒科技	1998 年 3 月 8 日
31	开发水果酒前景广阔	中国酒	1998 年 12 月 15 日
32	'98 葡萄酒市场回顾	中国酒	1999 年 1 月 15 日
33	红星二锅头 风光半世纪 畅销五十年	中国酒	1999 年 6 月 15 日
34	专家教你怎样饮葡萄酒	监督与选择	1999 年 7 月 15 日
35	葡萄酒业五十年的光辉成就	酿酒	1999 年 9 月 20 日
36	中国葡萄酒业如何走进 WTO 市场	酿酒	2002 年 1 月 30 日
37	老北京的露酒	中国酒	2004 年 6 月 15 日
38	传承文化风采的时令酒	中国酒	2004 年 8 月 15 日
39	哀悼周恒刚同志挽词	酿酒科技	2004 年 9 月 8 日
40	求真、务实、谋求果酒业的发展	酿酒科技	2004 年 9 月 8 日
41	以人为本，科技创新开发保健酒	酿酒科技	2005 年 3 月 18 日
42	发挥资源优势 发展水果蒸馏酒	酿酒科技	2005 年 8 月 18 日
43	开发水果酒的对策措施	酿酒科技	2006 年 3 月 18 日
44	发展冰酒要走科学规范化之路	酿酒科技	2006 年 9 月 18 日

序号	文稿题目 / 著作名称	刊物名称 / 出版单位	发表时间 / 出版时间
45	露酒为何难成消费主流?	商务时报	2007 年 11 年 10 日
46	八大名酒是这样诞生的——与辛海庭一起工作的日子	中国酒	2008 年 6 月 25 日
47	王秋芳 : 情系红星六十年	中国酒	2009 年 12 月 25 日
48	追忆首届八大名酒的诞生	华夏酒报	2012 年 1 月 3 日
49	葡萄酒生产工艺	中国劳动出版社	1995 年 5 月
50	白兰地 威士忌 俄得克资料汇编	中国酿酒工业协会 果露酒专业委员会	1995 年 1 月

附录 D　我的妈妈王秋芳

苏原（王秋芳之女）

在我的人生里，应该说妈妈是我的第一位老师。就像每一个妈妈那样，她教会了我生活中的每一个细节：接人待物要懂礼貌、别人帮了你要说谢谢、女孩子一定要搞好自己的个人卫生等。在家庭中，她是一位妈妈、是一位老师，也是我的榜样，我由衷地从心里敬佩她。她做事从来都是非常严谨而有序的，东西的摆放也很有条理。从我懵懂记事的时候起，我就感觉自己的妈妈是个非常聪慧而又忙碌的人。她从不溺爱我，取而代之的是对我的严格要求。慢慢地，这种严格的要求就变成了生活中的习惯。但是要说的是我并不是个"好学生"，丢三落四的毛病让我吃尽了苦头，每当这时我就常常想如果是我妈妈的话，肯定会如何如何的。

我常听我的姑姑、叔叔讲，妈妈年轻的时候很会讲故事。当时父母刚刚结婚，妈妈和我叔叔、姑姑们常常一起玩，我妈妈非常喜欢看一些侦探、恐怖小说，看过之后就讲给他们听，而且还讲得绘声绘色，让他们感到仿佛身临其境，有时候甚至到晚上都不敢回家。几十年过去了，每当我们茶余饭后坐在一起聊天时，姑姑、叔叔一聊到这个话题仍然是充满了无尽的欢乐，仿佛又回到了他们的年轻时代。

记得妈妈和我说，当初和我爸爸的婚礼是在北京的青年会举办的，也就是现在的欧美同学会。婚礼办的很时尚，很多亲朋好友都来参加，大概有 100 人。婚礼的主持人是妈妈的领导马少峰。他是华北酒业专卖公司实验厂（北京红星股份公司的前身）的厂长。由于新家离青年会不远，婚礼结束后，他们手挽手步行回到了自己的新家。现在想想都是好浪漫的。父母是于 1950 年 1 月 15 日结婚的，当时新中国刚刚成立，物质都非常匮乏。爸爸每个月的工资好像就是 2 袋白面，生活过的很是辛苦。在旧社会女人是不读书的，但我的太姥爷是个大法官，家庭条件还算不错，所以妈妈从小一直受到正规的教育，从小学、中学读到高中。妈妈在家排行老大，她还有两个比她小很多的弟弟和妹妹。姥姥没有上过学，所以妈妈就成了那个在家里主事的人，从而也就养成了她善于独立思考和有担当的性格。当时我妈妈写得一手好钢笔字，为了贴补家里，妈妈常常替别人抄写文书，挣一点钱贴补家里。

妈妈虽然是个大家闺秀，但干起活来却也从不惜力。常常听父母讲起他们婚后经常搬家，在东单的本司胡同住了二三年，就搬到了西单的劈柴胡同，然后又搬到了朝阳区的红庙，再后来又搬到了离景山公园不远的织染局胡同，最后搬到新街口外大街 25 号，在这里一住就是 16 年。虽然住处几经搬迁，而妈妈却从没有离开过她热爱的酿酒事业。我记得当时上小学，妈妈常常到我家附近的一个小卖铺买葡萄酒。她每次买回酒，都要把酒瓶反过来看瓶底的一个很小的数字，然后和我说这批酒如何如何，有时候还会让我再去给她买两瓶。所以从那个时候，我就知道妈妈是做酒的，在酒厂工作。

▲王秋芳与其夫苏立功的结婚照　　▲王秋芳与其夫苏立功及大儿子的合影

我从小就对妈妈有着几分的敬畏之心，她对我们的要求非常严格——

"认真做事，老实做人"，这也是她一直遵从的原则。但是妈妈也是一个非常会生活的人。我们小的时候，妈妈常常带着我和哥哥、弟弟一起去公园游玩，天安门、北海、景山、颐和园等。有一次在景山公园游玩时，我找不到妈妈了，就急哭了，后来突然想到我的家离景山公园不远，我就自己回家了。这下可把妈妈急坏了，她在公园里找了好几遍，然后又广播找人，还是没有找到。后来还是堂哥告诉她，我已经自己回家了。这次游玩给她留下了深刻的记忆。

▲王秋芳全家福

妈妈这种热爱大自然，喜欢郊游的习惯一直保持到我上大学前。每年春天或者夏天，妈妈都要带我们几个孩子出去郊游。有一次好像是去香山，我们提前一天同邻居借好了自行车，天刚蒙蒙亮就出发了。回来时，下起大雨，我哥哥提议走近路，结果迷路了。我们朝着家的方向走了很久，结果发现我们又回到了原地，俗称这就是鬼打墙。土路泥泞，自行车也都沾满了泥巴又找不到回家的路。非常着急，这时妈妈就成了我们的定海神针，跟着她频频打听，最后终于回到了家。虽然经历很曲折，却留下了美好的记忆。在我的记忆里，妈妈一直是非常热爱生活，喜欢旅行。1996年，我陪同妈妈到成都的一个酒厂开会，会后和妈妈一起去了九寨沟。我们乘旅游车花了将近10个小时，从成都到九寨沟。九寨沟的美景令人目不暇接，太美了！我们照了很多相片，妈妈当时已经是将近70岁的人，仍然精神矍铄。在去黄龙的旅途中，导游看妈妈年事已高就让我们准备了一个氧气袋以防万一，结果妈妈一次都没有使用，倒是我成了受益者，氧气袋不离身。

在"文革"期间，爸爸被打倒，妈妈也被定为了"走资派"。我当时在上小学，这一切对我们来说都是那么的突然，往日的正常生活一下子就被打乱了。周末，妈妈也不能带我们去郊区玩了。有一天家被红卫兵小将抄了，家里的书柜、桌子、椅子都被红卫兵小将拿走了。那天，妈妈下班回家，看到这一切只说了一句"没关系，这都是暂时的"。然后，她就开始整理家里散乱的东西，用一个很小的放米面的小储物柜代替饭桌。这样我们就坐在小板凳上围着这个临时的小饭桌吃饭。这个小饭桌陪伴了我们好几年，一直到"文革"结束，单位将被抄的家具归还给我们。

在妈妈"靠边站"之后，她的惩罚性工作就是扫马路、刷厕所。后来我听妈妈说，她把厕所刷的特别干净，连看管她的工人都敬佩她。由于她劳动改造得好，就让她下车间干活了。下车间就要上夜班，凌晨三四点是最困的时候，而整个车间就她一个人，跑上跑下的要照看好几个大罐。稍有疏忽就会跑酒，一旦跑酒就是政治问题，当时的压力还是蛮大的。在我的记忆里，妈妈总是很晚才能回家。我就常坐在路边等她回家，每次看到妈妈从22路车上下来，是我最幸福的时刻。当时妈妈还经常上夜班，每次回来都要和我讲她今天上班在车间都干了些什么。我现在还记得她说如果刷大酒桶，就要穿上大胶鞋，要爬到2米多高的大酒桶的顶上用水冲刷。妈妈常常教导我说，好记性不如烂笔头，只要留心就能学到东西。在6年零4个月的下放劳动中，妈妈就处处留心，事事在意，一点一滴地把工艺操作流程摸了个透。妈妈因此还为车间工人搞出了《高档酒配方算法》和《普通酒勾调计算公式》，这也算是戴"罪"立功吧。

1973 年，妈妈结束了劳动改造，也就意味着妈妈这个陀螺又要开始旋转了。就像妈妈常常跟我说的，她的这一生，从 1946 年开始就在酿酒行业工作，从此就没有再离开过。期间她经历了三次创业，也就是她常说的，她这一生打了三大战役。第一大战役是"红星冉冉升起"。1949 年 5 月，当古老的北京城刚刚迈开新生活的步伐时，妈妈就和其他五位同志一起，受刚刚成立的市人民政府的委托，到北京东郊，为百废待兴的国家筹建一座酿酒实验厂。首先就是选厂址。那正是全国解放前期，他们一行 6 人驮着半袋子面和贴饼子从东城的北兵马司出发向东。出了朝阳门，顺着坑坑洼洼的石子路来到了现如今的八王坟。这里是一片荒凉，断壁残垣、杂草丛生、砂砾遍地。这里曾是一个国民党军队的一个临时医院，有几间破房子和牲畜圈可以利用。大伙儿一合计，就在这里建厂了。他们几个人架起一口大铁锅，从附近通惠河里弄了一些水，用树枝当筷子，做了一些面疙瘩煮了充饥。就是在这样的条件下，由妈妈执笔拟订了建厂计划。从酒厂的选址、建厂到生产出迎接新中国诞生的献礼酒，她都参与其中不分昼夜地工作。我常听她谈起当时的艰苦环境，她们收拾了仅有的几间没门少窗的破房子，筹备了化验工具和简单的生产设备开始生产。有名的红星二锅头酒就是在这样的条件下诞生的。

妈妈的第二大战役是 1955 年 5 月受命参加列入我国第一个五年计划156 项工程之一的北京东郊葡萄酒厂的建厂工作。在项目总设计师的指导下，妈妈负责生产工艺技术部分。这是新中国成立后首次自行设计、自行施工，并且自行制造设备的葡萄酒厂。她全身心地投入这个任务之中，加班加点是常事。我听妈妈讲，因为工作忙常常不能回家，爸爸当时都对她有意见了。但是辛勤的劳动换来了成功的果实，在实验条件极其艰苦的情况下，试制成功用"断酿法"生产红葡萄酒，受到各级领导的好评。也正因为如此，1956 年国家首批评定职称时，妈妈被晋升为工艺工程师。

妈妈的第三大战役是 1992 年，组建酿酒大家庭即中国酿酒工业协会（现中国酒业协会）。之后，又同白镇江、高美书组建葡萄酒、果露酒分会。

"文革"的 10 年，我从一个小学二年级的学生，到高中毕业。之后又被分配到北京电子管厂当工人。1977 年恢复高考，妈妈鼓励我考大学并希望我能考理工科，毕业之后，可以从事化验室的工作，她说化验室的工作很适合女孩子。可是我天赋不足，连考两年都未能成功。直到 1979 年，我从理工科改考外语，成功考上北京外国语大学法语系。在我考上大学之后，也正是妈妈将要开始她的第三大战役时。她当时频频出差，到各个省市开展工作。1982 年妈妈带队去罗马尼亚考察葡萄酒。这次考察时间不长，只有不到 10 天。而就在这短短的 10 天时间里，她不放过考察的每一个细节，认真地做着笔记。回来之后，她认真总结这次考察，收获很大，也有很多的启发。于是她向领导提出要搞科研项目。回到家我也常常听到她和爸爸谈到此事，请爸爸帮忙找局领导支持她的项目。从立项目，逐级报批，以及争取各个有关领导的支持，到筹措资金，她都亲力亲为。当年我还在上大学，我知道妈妈患有痔疮已经很多年。此时，医院多次来通知，让她住院做手术，但是她总是一拖再拖。她说一定要等实验成功后，再去考虑手术的问题。听妈妈说有一次她要到厂里去做实验，一大早就离开了家，要从五棵松到田村路上的西郊葡萄酒厂。可是接她的车迟迟不来，她又着急，于是便冒雨步行。从五棵松到西郊葡萄酒厂大概有 10 里路，不通公交车。她就这样一路走到工厂。到厂里时，她下半身的衣服已经全部湿透了。她也没有换衣服直奔实验现场，仍旧淋着雨，在离地面 4 米多、容积 10 多吨的大罐下面检查设备运转情况，又和技术员一起，攀上铁架抽样观察发酵质量。忽然，带气泡的葡萄汁喷出管口，溅了她满身满脸。她反而一下子高兴了起来，因为闻到了一股浓郁的果香味，这个味道完全符合设计要求。她就是这样自强不息，带领工人研制了国内首款旋转发酵罐，并因此荣获中国酿酒工业协会颁发的"酿酒行业特殊贡献奖"，同时获得北京市科技进步三等奖和全国轻工业优秀产品一等奖。在研发期间，她夜以继日地忙碌，很少回家，直至成功。旋转发酵罐使原有传统生产工艺，取得突破性改革，产品质量明显提高。

我记得妈妈常常和我说，她是误入歧途，做了酒。因为做酒一向是男人的事业。按照中国人的传统，女人是不能进酒坊的，而且当年在车间干活的工人都是男人。妈妈做实验每次都要到车间去取样。由于蒸馏车间非常热，工人们干活都不穿衣服。这给妈妈的工作带来了很多地不便。为了避免尴尬，她还没有走到车间，就大声的吆喝着："取样来了。"这时就会有工人穿戴好出来，将样品交给妈妈。以前做酒全凭的是工人的经验，眼观、鼻闻、手捏、脚踢，而妈妈的工作是要将这些经验数字化、科学化。

在我的记忆里，有一次我放学回家，到家一看有很多的叔叔阿姨来家里看望妈妈，那天妈妈生病在家。我还看到桌子上摆放着好几杯白酒，妈妈正在品尝，然后写标号。过了一会儿，我就听到他们说："您太棒了，全对。"我感到不解，等客人们走后，我就问妈妈是什么意思，她说："北京有很多厂生产二锅头，每个杯子里放的是不同的酒厂生产的，然后我来品尝。再告诉他们几号杯是哪个酒厂生产的，我全说对了。"啊，原来是这样呀！我从心里佩服她。

2010 年 8 月 28 日，我们在中山公园的来今雨轩餐厅为我父母举办了钻石婚庆。那天，天高气爽，是暑热后难得的好日子。宴会定在下午 5 点举行。3 点多，已有不少亲友陆续到场。朋友相见，拱手祝福，欢笑之声不断。5 点宴会开始，妈妈发言。妈妈讲："我和我老伴 60 年前定情于来今雨轩，今天我们还是在这里举办我们的钻石婚，这是有着特殊意义的。60 年光阴，弹指一挥间。生活工作感慨万分，难以用语言形容。套用三国演义的开篇诗演绎一下'一壶浊酒喜相逢，古今多少事，都付笑谈中。'"彼时彼刻，我仿佛更深刻地读懂了妈妈，她不仅仅是一位中国酒界的专家，更是一个有血有肉、有情有义的好女人、好妻子、好妈妈。

妈妈今年 92 周岁了，看着她衰老的容颜和微驼的背影，心里真的是好心疼！想想她不到 20 岁就来加入这个行业，一干就是 60 多年，正如我哥哥所说，她是一生一世只做一件事。近几年，妈妈老了，这时好像才有时间和我们聊聊家常。我也常常帮助妈妈整理资料，当我看着妈妈这 60 多年来所做的笔记，一摞摞的笔记本写满了密密麻麻的字时，心中对她肃然起敬。妈妈的每个笔记本都见证了她对工作的一丝不苟的精神，记录了她这些年来的勤奋好学，体现了她工作的严谨作风。虽然近几年，由于身体的原因，妈妈已经不再动笔写东西了，但是她的视线始终没有离开过她为之奋斗一生的事业。她将自己的全部人生都献给了她所喜爱的酿酒事业。她说，红星二锅头酒厂和共和国同龄，和新北京同生，它是新中国在北京创建的第一个酒厂。每当我们过节，举杯同庆时，我们不能忘记有这样一位女人，为了酿造醇香的美酒，贡献了她毕生的精力，为人们创造了甜美的生活！她就是我的妈妈——王秋芳。

附录 E 赞恩师

高景炎（王秋芳之徒）

赞恩师

恩师王公　　誉满楷模
学深渊博　　技艺高超
传承创新　　业绩辉煌
著书立说　　桃李满园
严以律己　　宽以待人
生活简朴　　清正廉洁
淡泊名利　　默默奉献
德高望重　　名扬京华

学生　高景炎
2013年4月26日

附录 F 颂王老

高景炎（王秋芳之徒）

王老是我的老领导和良师，是我国著名的酿酒专家。她虚心好学、刻苦钻研、求真务实、敢于创新，为发展北京酿酒业和中国葡萄酒、果露酒工业，成果累累，功不可没！更难能可贵的是她严于律己、宽以待人，生活简朴、清正廉洁，淡泊名利、无私奉献的高尚品格，受到大家的爱戴和称颂！

我个人作为王老的弟子，在事业上能有今天的进步，是与她的培养教育、关心指导密不可分的。我为有王老这样的导师，感到荣幸、自豪和骄傲！

为表达我对王老的感恩之情，赋一首顺口溜献给她老人家！

导师王老　德高望重

知识渊博　技艺高超

传承创新　贡献突出

艰苦朴素　廉洁自律

爱国敬业　一心为公

我辈师表　后人楷模

北京酿酒协会

颂王老

　　王老是我的老领导和良师，是我国著名的酿酒专家，他虚心好学，刻苦钻研，求真务实，勇于创新，为发展北京酿酒业和中国葡萄酒业鞠躬尽瘁，功不可没！更难能可贵的是他多以律己，宽以待人，生活简朴，淡泊名利，淡泊名利，无私奉献"的高尚品格，受到大家的爱戴和称颂！

　　我个人作为王老的弟子，在今天上能有

北京酿酒协会

今天的进步，是与他的培养教育关心指导密不可分。我为有王老这样的导师，感到荣幸、自豪和骄傲！

　　为表达我对王老的感恩之情，赋一首顺口溜献给他老人家！

导师王老　　德才兼重
知识渊博　　技艺高超
传承创新　　贡献卓立
艰苦朴素　　勤俭自律

北京酿酒协会

爱国敬业　　一心为公
我辈师表　　后人楷模

高景炎
2017.12.2（

附录 G　三次创业为圆一个梦

——记酿酒专家王秋芳的奋斗足迹

吴佩海（王秋芳之同事、好友）

"葡萄美酒夜光杯，欲饮琵琶马上催"是唐人王翰的名句；"自古才人千载恨，至今甘醴二锅头"相传是清人吴延祁的诗句。但您可曾知道，咱北京有一位老人对这两段诗情有独钟，多次在其文稿和讲话中提及，她就是现年 92 岁的王秋芳。

王老是北京二锅头酒传统酿造技艺第七代传承人，是我国著名的白酒、葡萄酒、果露酒"三栖"专家。她 1992 年开始享受国务院特殊津贴，2004 年被中国酒业协会授予"酿酒行业特殊贡献奖"，2017 年被北京酿酒协会授予"北京酒业领军人物奖"。

2010 年 8 月，我在一次聚会上，听王老总结她一生的三次创业：一是在 1949 年参与创建了华北酒业专卖公司实验厂（红星酒厂的前身），后担任了企业的技术厂长；二是在 1955 年参与创建了北京东郊葡萄酒厂（后更名为北京夜光杯葡萄酒厂），成为该厂的首任厂长；三是在 1992 年参与创建了中国酿酒工业协会（后更名为中国酒业协会），担任副秘书长。

从个人关系来讲，王老是我尊敬的领导和良师。能够同她共事多年，并当面聆听她的教诲与故事，为我一生的荣幸。

"奋斗是人生的年轮"。王老的经历丰富多彩，王老的故事引人入胜。探寻王老的奋斗足迹，会让我们更加懂得创业者是从何处来向何处去的。

1. 刻骨铭心——酿酒征程第一餐

1949 年 1 月 31 日北平和平解放，百废待兴，人民政府决定对酒类实行专卖，同时筹建华北酒业专卖公司实验厂。建厂的宗旨是：光大北京传统酿酒技艺，改变酒类生产落后状况，节约酿酒用粮，尝试机械化生产。对厂址的要求是：考虑酿酒特点，不能离城区太近；为了工作方便，也不能离城区太远。

1949 年 5 月 6 日，王秋芳和 5 位男同事各自骑上自行车，驮上半袋子面，从位于北兵马司的专卖公司出发向东疾驶，一路上洒满了欢声笑语。出了朝阳门顺着坑坑洼洼的碎石铺就的路，来到八王坟路口西南角（如今的现代城），只见荒草丛生，坟茔座座。但这里背靠通惠河，又有几间破房和畜圈可以利用，大伙儿一合计，决定就在这儿建厂了。（后来了解到，这里是原日伪时期的牲畜屠宰场。）

到了晌午，肚子饿得咕咕叫。几个人四处踅摸，从破屋里找来一口铁锅，用碗从河里舀来水放进锅里，又捡些树枝架在锅下面，点上火，把面倒进锅里搅搅，再撒把盐就做成了疙瘩汤，大家吃得津津有味。

王秋芳对这顿"野外餐"终生难忘，她动情地讲："这酿酒征程第一餐，成为几十年来我们艰苦创业的动力！"

2. 白手起家——生产开国献礼酒

实验厂成立不久接到重要通知，要在新中国成立之前生产出献礼酒。但当时的厂区，半人高的荒草遍地长着，几间平房是仅有的建筑物。一切从零开始，员工们把门板当床、把马棚猪圈改成宿舍，支起柴锅算是食堂。一天三顿窝窝头，个把星期改善一次伙食。工作上没有上下班之说，干到不能动弹为止。一个月休息一天，走到城里推个头、洗个澡。每月的工资就是几十千克小米儿。

我问王老："当时那么苦那么累，您一点儿都不怕吗？"

王秋芳回答说："当时大家热情都很高，要为新中国建设出点儿力，所以没有喊苦嚷累的。但要说害怕啦、畏难啦一点儿都没有那也是假话。"

"当时最怕的是虫子。因为环境差，虫子特多。有一回，一条蚰蜒爬进一位同事的耳朵里,疼得那个五尺高的汉子直蹦高。我打小就怕虫子,更是格外加着小心。每天睡觉前,我先打着手电,把蚊帐和被褥上上下下、里里外外搜查一遍,看看有没有虫子。然后钻进帐子里,用针线把蚊帐和褥子缝得严严实实才敢睡觉。等早上起床时,我再把线拆掉。"

"最难的是不方便。过去白酒业有个规矩,女人不准进酒坊。原因呢?一是把女人当作不祥之物,认为女人进来会少出酒;二是酿酒的酒房温度高,工人劳动强度大,出汗特别多,干活儿不穿衣服。后来给他们每人发了一块围裙遮羞,有的人也不系。我那时 20 岁出头儿还没结婚,但作为化验员又必须到酒坊去取样品化验,所以感到特别不方便。每次取样时都犯怵,不好意思,不去又不行。情急之下想了一个招儿,离酒房挺老远,我就扯着嗓子大声吆喝,让里面的一个人穿上衣服出来把酒样交给我。后来,情况就逐渐转变了。"

作为北京白酒业第一位女职工,王秋芳巾帼不让须眉。她和男同事一样起早贪黑、摸爬滚打,挖窖池、装烧锅、育酒曲,终于在 1949 年 9 月生产出第一批红星二锅头,作为迎接新中国诞生的献礼酒。因为当时没有白酒专用的瓶子,便用啤酒瓶来灌装。

3. 一生有幸——参加了开国大典

由于完成任务出色,1949 年 10 月 1 日,王秋芳等 30 多名实验厂员工被特别批准,兴高采烈地参加了开国大典,成为新中国诞生的见证者。

当日凌晨 2 点,参加大典的员工就起床了,每个人都穿上最好的衣服,带上点儿吃的,向天安门行进。走到东单时看到马路上摆好了待阅的坦克、炮车以及骑兵。从上午一直等到下午 3 点,当听到毛主席宣布"中华人民共和国中央人民政府在今天成立了",大家忘记了渴忘记了累,连蹦带跳,欢呼声响成一片!

王老自豪地说:"我们当时站的位置,就在天安门广场的东边,南池子的南口公安部的前面。这是我们付出这么多劳动克服这么多困难后,得来的荣誉和成果。所以,我们感到非常的光荣非常的激动!参加开国大典,是我一生最大的荣幸!"

4. 科学总结——二锅头传统技艺

为实现二锅头生产的规范化，实验厂成立了研究室，由王秋芳负责招聘人员、购置化验设备。工作的内容，就是采集二锅头生产流程的各项基础数据，把酿酒技艺从以技师经验为主转变为以科学控制为主，以保证二锅头质量的稳定性、一致性。

王秋芳同工人技师一起酿酒，从原料粉碎、酒曲制作、粮食蒸煮、入池发酵、酒醅蒸馏、品评勾兑等各工序，总结传统的眼观、鼻闻、手捏、脚踢等技艺所对应的酒精度、水分含量、入池温度、发酵时间等。每一组数据的完成都要反复取样、化验、对比、分析，王秋芳最终总结出一个规律性的工艺流程方案，起草了《传承北京二锅头的分析方法及产品质量标准草案》，实现了以科学化的生产代替经验型的生产。二锅头生产由此迈上了一个新台阶，王老也成为传承创新二锅头技艺的一代宗师。

5. 勇于创新——尝试生产机械化

实验厂的另一个实验任务就是用机械化代替手工操作，减轻工人的劳动强度。

王秋芳等人第一个研究试制的是刮板出池机。因为酿酒用的发酵池有两三米深，在蒸酒前，工人得在池子里一锹一锹地把发酵好的酒醅扬到池子上面，不但费力气而且费时间。为改变落后的生产状况，他们琢磨出的刮板出池机，类似于循环转动的"洗衣板"，伸进发酵池，工人只要把酒醅撩到刮板上就行了，酒醅在刮板上由机械带动就可以从池底翻到池上。实验成功后，工人们高兴地说："这玩意儿太好了，不用再靠肩膀子往上扬了，这么多年的难题让你们解决了！"

王秋芳还参与了扬糟机、机械活动甑盖和冷却机械化的研制工作，降低了工人的劳动强度，提高了生产效率，有利于安全生产，初步实现了从手工劳动向机械化生产的转变。

6. 潜心钻研——成为评酒酿酒大师

1952年，第一届全国评酒会在北京举行。王秋芳参加了全部103个参评酒样的理化指标检测和感官品评，在做一个项目实验时硫酸曾溅进她的眼睛里，顿时什么也看不见了，幸亏抢救及时未造成失明。她坚持工作不退缩，撰写了《中国名酒分析报告（八大名酒）》，成为新中国第一位国家级女评酒委员。她又连续参加了第二、三、四届全国评酒会，后来还担任葡萄酒、果露酒品评专家组组长，负责培训和选拔国家级评酒委员，现在已是桃李满天下。

评酒是一门很有讲究的学问，评酒人员要对参评酒样的"色、香、味、格"四大方面打出分数并写出评语。即用眼睛观察酒的颜色是否透明纯正，用鼻子嗅闻酒的香气是否典型丰满，用嘴品尝酒的味道是否醇厚悠长，最后用大脑综合分析判断出酒的香型、类别、风格、优劣。不客气地说，您能喝八两半斤二锅头，但您不一定能评酒。

为掌握评酒的诀窍，她年轻时一顿能喝三五两白酒。有人问："您一位女士，哪来这么大的酒量？"王秋芳笑言："造酒就要懂酒，懂酒就要爱酒，爱酒就要喝酒。"王秋芳潜心钻研，终于练就了评酒的绝活儿。

1965 年至 1987 年间，王秋芳和北京二锅头酿制技艺第八代传人高景炎等走南闯北，到各郊县酒厂传授技艺。有一个酒厂开发了一款白酒新产品，但总是不理想又找不到毛病，于是请王秋芳来"会诊"。她端起酒杯闻了闻酒，又抿了几口，立马儿说："发酵池里的窖泥不行，所以这个酒味儿不正香不浓。"有人拿来几块窖泥掰开检查，果然有一股臭味儿。王秋芳说："这是丁酸味儿太重了。"她又帮着重新制作了窖泥，使新产出来的酒味美香浓。

几瓶颜色、酒度、糖度相同的葡萄酒摆在桌子上，王秋芳一闻一抿，就可以说出它们在酒香、果香方面的细微差别，让在场的人佩服得五体投地。

像这样的事多了，难怪人们赞叹：王秋芳评酒一说一个准儿，这功夫神了！

功夫是用心血和汗水换来的。王秋芳只有高中毕业，建厂时对酒一知半解。但当她把酿酒作为自己一生追求的时候，就废寝忘食地学习微生物学、分析化学、物理学；四十岁以后又开始攻读英语、日语，达到能翻译资料的水平。她属于自学成才的人。她说："我一生都在和酿酒打交道。"

王秋芳尤其注重从实践中学习。她说："熟能生巧。接触多了，自然会摸出一些规律。"白兰地刚投产的时候酒质不稳定，她亲手搞实验做分析，一干就是两年；液态法白酒的研制有她在场，二锅头曲型、菌种的改变由她指导；葡萄酒热浸提新工艺项目由她主持。

1956 年，王秋芳被轻工业部破格任命为工程师，后来又成为高级工程师。大家公认，王秋芳是脚踏实地一点儿一点儿干出来的。

7. 痴心不改——逆境中增长才干

1955 年，作为国家"一五计划"限额工程之一的葡萄酒厂在八王坟北侧（现在的金地国际）兴建，王秋芳参加了筹建小组后又担任厂长，转向研究和生产葡萄酒，开始了她的二次创业。王秋芳和大家夜以继日地干，一分钱掰成两半花，使这个项目当年确定当年完工当年投产，并且节约了投资额 94 万元。

她尝试葡萄酒的技术创新，没有原封照搬传统的酿造方法，而是带领职工查找资料，做冷处理实验，改进工艺，稳定酒质。面对"瞎胡闹"的嘲笑和指责，王秋芳鼓励大家："一定要坚持住！"

功夫不负有心人。1959 年，王秋芳参与改进的中国红葡萄酒作为迎接新中国诞生十周年的献礼酒，在市场上一鸣惊人并被选做国宴用酒，其后又连续三次荣获国家金奖，成为我国甜型葡萄酒的旗帜产品。她领军研制的特制白兰地荣膺"中国名酒"称号，她带头开发的灵芝补酒广受欢迎。

正当王秋芳意气风发大有作为的时候，"文革"的狂风暴雨从天而降。王秋芳作为一厂之长自然成了"走资派"，弯腰低头、挨批挨斗、检讨反省。她"靠边站"后，先是扫马路、扫厕所，因为马路扫得清洁厕所扫得干净，被认为态度端正而改派到车间劳动改造。

因"莫须有"的问题，王秋芳从功臣变为了罪人。她回顾这段历史时说道："受这么大的冲击和挫折，是我参加工作后的第一次。我当时最害怕上大夜班，因为人爱犯困。特别是夜间在工房一个人向大罐内打酒的时候，需要跑上跑下照看几个大罐，一旦跑了酒就是政治问题，那可得吃不了兜着走，所以精神高度紧张。"

"我虽然特别痛苦也特别迷茫，可是没有破罐子破摔，酿造美酒的理想又一次支撑了我。"

在 6 年零 4 个月的下放劳动中，王秋芳处处留心，时时在意，一点一滴地把工艺操作摸了个透。她将理论与实践相结合，为车间工人编写出了《高档酒配方算法》和《普通酒勾调计算公式》，彰显出"身处逆境仍痴心不改"的坚毅品格。

王秋芳忍辱负重，在磨难中增长了才干。所以，由她主编的50万字的《葡萄酒生产工艺》成为行业统编教材。读过此书的很多人都说："这本书深入浅出、通俗易懂，不会做酒的人照着书也能做酒了。"

8. 学习先进——引入旋转发酵罐

1984 年，王秋芳受轻工业部的委派带队考察罗马尼亚的葡萄酒生产，参观了很多酒厂。让他们感触最深的是：生产红葡萄酒，国内用的是洋灰池发酵，而罗马尼亚用的是旋转发酵罐，其质量好、效益高且节省劳动力。他们当即决定：学习先进，引入国内。所以，她非常留意地画了一些草图。

回国后，王秋芳等人在北京西郊葡萄酒厂做实验，他们自己设计自己制造了一个旋转发酵罐，在葡萄季节进行投料试产。为现场观察实验情况，不分昼夜，每隔 4 个小时就需要取样分析，看投料的质量变化情况，并与水泥池发酵的质量进行对比。不巧，做实验时她的痔疮发作了，但王秋芳忍着疼痛，顶风冒雨爬上爬下。令她欣慰的是，实验成功了。

为此，该项目获得了轻工业部新产品奖和北京市科研奖。

9. 老当益壮——为中国酒业呕心沥血

1992 年，王秋芳已是 66 岁高龄，本该含饴弄孙颐养天年，但她却接受轻工业部的邀请参与组建中国酿酒工业协会，开始了她的第三次创业。她风尘仆仆先后参加了在青岛、亳州和泰安召开的筹备会、预备会和成立大会，并担任了协会副秘书长。

1993 年，王秋芳又东奔西走协调各方，组建了葡萄酒分会（任名誉会长）和果露酒专业委员会（任主任）。

她组织制定露酒国家标准，填补技术空白，对推动我国果露酒、保健酒的健康发展发挥了引领作用。

她每年召开果露酒行业年会，评比产品质量，研讨品评技巧，考核评委论文。这样的会议王老主持召开了 13 次，许多老评委激动地说："我们当初的活动真好！王老师特别重视育人，帮助大家提高业务能力。"

其实，早在 20 世纪七八十年代，王老就是华北五省市白酒技术协作组的秘书长，组织企业进行技术交流。1984 年，轻工业部开展酒类质量大赛，王老作为果露酒评比的牵头人，要求各评委做到认真负责、公平公正。其后，她又组织大家到各企业学习培训取长补短。她一直强调："我们要有开放的胸怀和大局观，行业好了企业才可能好！"

王老以身作则，千方百计为企业排忧解难，深入工厂、车间、化验室调查研究指导工作。王老说："除了西藏外，其他的省市我都走到了。"

王老现在腿脚不方便，需要乘坐轮椅出行，拿笔写作也困难了，但仍然心系酒业。她坚持看报看资料，了解酒业的发展；通过面谈打电话，直言自己的观点。她的许多真知灼见，令人佩服。我每探望王老一次，都让我更加懂得了什么叫"生命不息，奋斗不止"。

10. 不忘初心——三次创业为圆一个梦

王老曾动情地说："风风雨雨几十年，我虽然有过三次创业，但始终没有离开过酒行业。酿出让老百姓喜欢喝又买得起的好酒是我一生的追求和理想，甚至连做梦都跟酒有关系。"

她又讲："中国酒的历史和文化源远流长，可近年来也受到了洋酒的挑战。我希望在我的有生之年，中国美酒能够和世界接轨并健康地发展。我愿意和大家一起努力，共同探讨产品创新、技术创新、营销创新问题。我依然要奋斗，但酒业辉煌待后生！"聆听的人报之以热烈的掌声。

我曾问王老："您从一个普通的化验员成长为全国闻名的酿酒专家，从个人素质看靠的是什么？"

"胸怀开阔，承受一切！"八个字，掷地有声。她又解释说："一个人特别是女人，在工作和生活中总会有许多难事、烦事、伤心事，但选择的理想不能轻易放弃，认定的目标一定要坚持到底。碰到困难时要顶住，遭到挫折时要挺住，受到误解时要承受得住。'两耳不闻闲杂事，一心只想酿好酒'就是我的座右铭。"

是的，王老在蹉跎岁月中不蹉跎，在峥嵘岁月中显峥嵘。王老的志向专一专注，王老的心胸宽广宽厚，王老的性格谦虚谦和，王老的脚步坚实坚定。王老的足迹证明，她是一步一个脚印儿干出来的。这让我想起了鲁迅先生的一句话："路是从没有路的地方走出来的"；也让我想起了汪国真的一句诗："没有比人更高的山，没有比脚更长的路。"

王老作为老一辈的创业者，用她的铿锵脚步诠释了"承受一切，酿造理想"的奋斗精神；王老作为普通而又不平凡的女性，用她的侠骨柔肠塑造了"心怀梦想，勇敢前行"的创业者形象。

"不忘初心，牢记使命"是新时代对国人的召唤，也是老一辈对后人的期盼。回顾王秋芳一路走来的足迹，定会让我们有所思、有所悟、有所感、有所行！

向创业的精神，致意；向奋斗的足迹，敬礼！

后 记

根据国家对非遗传承人立传的要求和北京红星股份有限公司的指示，北京二锅头酒博物馆负责编写《王秋芳传》，这是一项光荣而艰巨的任务。

红星近 70 年的发展，是几代员工不懈奋斗的结果，离不开每一位员工的努力与付出，王秋芳是其中的杰出代表。为写好《王秋芳传》，我馆成立了专门的编写小组：

组长：张育民；

组员：刚天旭，杨鸿达，崔家诚，王硕；

顾问：吴佩海。

《王秋芳传》展现了红星创始人之一、北京二锅头酒传统酿造技艺第七代传人王秋芳的奋斗人生；表示了我们对红星老一辈创业员工的敬意！

本书根据王秋芳先生的 13 次口述录音及知情人的回忆整理而成，并经王老审定。王秋芳先生的 13 次口述录音标题如下：

① 艰苦创业，再铸辉煌（1999 年 5 月口述）；

② 承受一切，酿造理想（2000 年 5 月口述）；

③ 擦亮红星金字招牌（2006 年 8 月口述）；

④ 红星伴祖国同行（2009 年 6 月口述）；

⑤ 忘记历史就意味着背叛（2012 年 5 月口述）；

⑥ 酿酒女杰王秋芳（2013 年 3 月口述）；

⑦ 强化历史、文化和老字号的宣传（2015 年 9 月口述）；

⑧ 历史文化宣传宜厚今薄古（2016 年 1 月口述）；

⑨ 完善宣传，改进产品（2016 年 7 月口述）；

⑩ 回忆企业历史，弘扬传统技艺（2017 年 4 月口述）；

⑪ 大众名酒，无冕之王（2017 年 6 月口述）；

⑫ 产品升级调整，宣传有的放矢（2017 年 7 月口述）；

⑬ 完善《博物馆展陈大纲》（2017 年 8 月口述）。

本书在编写过程中参考了《红星酒志》和《北京二锅头酿制技艺代表作申报书》。本书封面由广东省广告集团股份有限公司参与设计。在此一并表示衷心感谢！

因主客观原因，本书可能存在这样或那样的错误与不足，诚望读者和知情者批评指正！

北京二锅头酒博物馆

2018 年 8 月 31 日